Guia OCDE-FAO para Cadeias de Fornecimento Responsáveis no setor agrícola

Este documento e qualquer mapa aqui incluído foi elaborado sem prejuízo do status ou soberania de qualquer território, da delimitação de limites e fronteiras internacionais e do nome do território, cidade ou área.

Os dados estatísticos para Israel são fornecidos por e sob a responsabilidade das autoridades israelenses. O uso desses dados pela OCDE é feito sem prejuízo das colinas de Golã, Jerusalém Oriental e assentamentos israelenses na Cisjordânia, nos termos do direito internacional.

Por favor, cite esta publicação como:
OECD/FAO (2022), *Guia OCDE-FAO para Cadeias de Fornecimento Responsáveis no setor agrícola*, OECD Publishing, Paris, https://doi.org/10.1787/fb446fdc-pt.

ISBN 978-92-64-74249-9 (impresso)
ISBN 978-92-64-42075-5 (pdf)

FAO:
ISBN 978-92-5-134525-2 (pdf e impresso)

Apresentação

O Guia OCDE-FAO para Cadeias de Fornecimento Responsáveis no Setor Agrícola (Guia) foi criado para ajudar as empresas a cumprir padrões existentes de conduta empresarial responsável em cadeias de fornecimento no setor agrícola. Esses padrões incluem as Diretrizes da OCDE para Empresas Multinacionais, os Princípios para Investimentos Responsáveis em Agricultura e Sistemas Alimentares e as Diretrizes Voluntárias sobre a Governança Responsável da Posse da Terra, da Pesca e das Florestas no Contexto da Segurança Alimentar Nacional. O cumprimento desses padrões ajuda as empresas a mitigar seus impactos adversos e contribuir para o desenvolvimento sustentável.

O Guia tem como público-alvo todas as empresas que atuam ao longo das cadeias de fornecimento no setor agrícola, incluindo empresas nacionais e estrangeiras, privadas e públicas, de pequeno, médio e grande porte. Ele abrange setores agrícolas a montante e a jusante, desde o fornecimento de insumos até a produção, manuseio pós-colheita, processamento, transporte, comercialização, distribuição e varejo. São abordadas diversas áreas de risco que surgem ao longo das cadeias de fornecimento no setor agrícola, tais como direitos humanos, direitos trabalhistas, saúde e segurança, segurança alimentar e nutrição, direitos de posse da terra e acesso aos recursos naturais, bem-estar animal, proteção ambiental e uso sustentável dos recursos naturais, governança e tecnologia e inovação.

O Guia inclui quatro seções:

- um modelo de política empresarial que descreve os padrões que devem ser observados pelas empresas na construção de cadeias de fornecimento responsáveis no setor agrícola

- um processo para devida diligência baseada em riscos, que descreve os cincos passos que devem ser tomados pelas empresas para identificar, prevenir, mitigar e prestar contas de como lidam com os impactos adversos de suas atividades

- uma descrição dos maiores riscos enfrentados pelas empresas e das medidas para mitigar esses riscos

- um guia de engajamento com povos indígenas.

O Guia foi desenvolvido pela OCDE e pela FAO em um processo de dois anos que envolveu múltiplos atores. Ele foi aprovado pelo Comitê de Investimento da OCDE, pelo Comitê de Agricultura da OCDE e pelo Gabinete do Diretor-Geral da FAO. Uma Recomendação sobre o Guia foi adotada pelo Conselho da OCDE em 13 de julho de 2016. Embora não seja legalmente vinculante, a Recomendação reflete o posicionamento e comprometimento político de membros da OCDE e não membros aderentes.

A OCDE também desenvolveu um guia adaptado para ajudar as empresas a construir cadeias de fornecimento responsáveis em outros setores, especificamente: extrativos e, principalmente, minerais de áreas de alto risco e afetadas por conflitos; vestuário e calçados; e finanças.

Siga as Publicações da OCDE em:

http://twitter.com/OECD_Pubs

http://www.facebook.com/OECDPublications

http://www.linkedin.com/groups/OECD-Publications-4645871

http://www.youtube.com/oecdilibrary

Siga a FAO em:

Food Organização das Nações Unidas para a Alimentação e a Agricultura

twitter.com/FAOstatistics
twitter.com/FAOKnowledge
twitter.com/FAOnews

www.facebook.com/UNFAO

www.linkedin.com/company/fao

plus.google.com/+UNFAO

www.instagram.com/unfao

www.youtube.com/user/FAOoftheUN

Índice

Tabelas

Figuras

Quadros

Siglas e abreviações

AIA	Avaliação de Impacto Ambiental
AIASDH	Avaliação de Impacto em matéria Ambiental, Social e de Direitos Humanos
CAO	Escritório do Assessor em Observância/Mediador da IFC e da MIGA
CDB	Convenção sobre Diversidade
CEDAW	Convenção das Nações Unidas sobre a Eliminação de Todas as Formas de Discriminação contra a Mulher
CLPI	Consentimento Livre, Prévio e Informado
CSA	Comitê de Segurança Alimentar Mundial
FAO	Organização das Nações Unidas para a Alimentação e a Agricultura
FIDA	Fundo Internacional de Desenvolvimento Agrícola
IED	Investimento Estrangeiro Direto
IFC	Corporação Financeira Internacional
IIPPA	Instituto Internacional de Pesquisa sobre Política Alimentar
IRA-CSA	Princípios para Investimentos Responsáveis em Agricultura e Sistemas Alimentares do Comitê de Segurança Alimentar Mundial
OIT	Organização Internacional do Trabalho
PIDESC	Pacto Internacional sobre os Direitos Econômicos, Sociais e Culturais
RSC	Responsabilidade Social Corporativa
UE	União Europei

Prefácio

O Guia OCDE-FAO para Cadeias de Fornecimento Responsáveis no Setor Agrícola responde a uma necessidade fundamental de orientação prática sobre conduta empresarial responsável para as empresas que operam no setor agrícola. Os investimentos na agricultura cresceram nos últimos anos e espera-se que continuem a crescer à medida que o setor se expande para atender à crescente demanda. Conforme os investimentos no setor cresceram, também cresceu o conhecimento de que eles devem ser responsáveis. Os padrões de conduta empresarial responsável ao longo das cadeias de fornecimento no setor agrícola são essenciais para garantir que os benefícios sejam generalizados e que a agricultura continue a cumprir suas múltiplas funções, incluindo a segurança alimentar, a redução da pobreza e o crescimento econômico.

O Guia OCDE-FAO foi desenvolvido entre outubro de 2013 e setembro de 2015, sob a orientação de um Grupo Consultivo com diversas partes interessadas, incluindo representantes de membros da OCDE e não membros da OCDE, do setor privado e da sociedade civil. O Grupo Consultivo é presidido por David Hegwood, Diretor de Engajamento Global e Estratégia, Departamento de Segurança Alimentar da USAID. Os três Vice-Presidentes representam os vários grupos de partes interessadas: Mella Frewen, Diretora-Geral da FoodDrinkEurope; Bernd Schanzenbaecher, Fundador e Sócio-Gerente da EBG Capital; e Kris Genovese, Investigadora Sênior do Centro de Investigação sobre Empresas Multinacionais (SOMO) e Co-Coordenadora da OCDE Watch.

No decorrer dos seus trabalhos, o Grupo Consultivo realizou três reuniões presenciais e três consultas por teleconferência. Ele realizou a sua primeira reunião em 16 de outubro de 2013 e demais reuniões em 26 de junho de 2014 e 16 de março de 2015. Além disso, ele realizou uma reunião conjunta com o Grupo Consultivo sobre o Envolvimento Significativo das Partes Interessadas no Setor Extrativo, em 18 de junho de 2015, para discutir o consentimento livre, prévio e informado. As teleconferências foram organizadas em 10 de fevereiro de 2014, 28 de maio de 2014 e 7 de janeiro de 2015. Uma consulta pública virtual foi realizada em janeiro e fevereiro de 2015 para receber comentários de uma maior gama de partes interessadas sobre a minuta do Guia.

O Guia OCDE-FAO também se beneficiou das conclusões do Fórum Global sobre Conduta Empresarial Responsável realizado em 2014 e 2015. Em 27 de junho de 2014, uma sessão especial sobre cadeias de fornecimento responsáveis no setor agrícola identificou os principais riscos enfrentados pelas empresas ao investir em cadeias de fornecimento no setor agrícola e discutiu as medidas que podem ser tomadas por governos e empresas para mitigar esses riscos e garantir que o investimento agrícola beneficie países de origem e anfitriões e investidores. Em 19 de junho de 2015, um painel de discussão explorou os papéis e as responsabilidades de vários tipos de empresas que operam ao longo das cadeias de fornecimento no setor agrícola e como elas podem colaborar para realizar a devida diligência.

A diversidade de perspectivas representadas no Grupo Consultivo contribuiu para o desenvolvimento de um documento de orientação que enfatiza o respeito pelos direitos de todas as partes interessadas impactadas adversamente pelas operações ao longo das cadeias de fornecimento no setor agrícola, define os papéis e as responsabilidades das empresas que operam nessas cadeias de fornecimento e propõe abordagens práticas para mitigar os riscos enfrentados por elas. Acreditamos que este Guia OCDE-FAO será uma ferramenta útil para orientar as empresas na realização da sua devida diligência. Também acreditamos que ele promoverá o cumprimento dos padrões existentes que foram considerados no seu desenvolvimento.

David Hegwood,
Presidente do Grupo Consultivo com Diversas Partes Interessadas
e Diretor, Engajamento Global e Estratégia, Departamento de Segurança Alimentar, USAID

Recomendação do Conselho sobre o Guia OCDE-FAO para Cadeias de Fornecimento Responsáveis no Setor Agrícola

13 de julho de 2016

O CONSELHO,

TENDO EM CONTA o Artigo 5 b) da Convenção da Organização para a Cooperação e Desenvolvimento Econômico de 14 de dezembro 1960;

TENDO EM CONTA a Declaração sobre Investimento Internacional e Empresas Multinacionais [C(76)99/FINAL], a Decisão do Conselho sobre as Diretrizes da OCDE para as Empresas Multinacionais [C(2000)96/FINAL, conforme alterada pela C/MIN(2011)11/FINAL] (a seguir designada "Decisão sobre as Diretrizes"), a Convenção sobre o Combate à Corrupção de Agentes Públicos Estrangeiros em Transações Comerciais Internacionais, a Recomendação do Conselho sobre o Guia de Devida Diligência para Cadeias de Fornecimento Responsáveis de Minerais de Áreas Afetadas por Conflitos e de Alto Risco [C/MIN(2011)12/FINAL, conforme alterada pela C(2012)93] e a Recomendação do Conselho sobre a Estrutura Política para Investimentos [C(2015)56/REV1];

RECORDANDO que o objetivo comum dos governos que recomendam a observância das Diretrizes para Empresas Multinacionais (a seguir designadas "Diretrizes") é promover uma conduta empresarial responsável;

RECORDANDO AINDA que a Decisão sobre as Diretrizes estabelece que o Comitê de Investimento deve, em cooperação com os Pontos de Contato Nacionais, buscar uma agenda proativa em colaboração com as partes interessadas, a fim de promover a observância efetiva por parte das empresas dos princípios e padrões contidos nas Diretrizes no que diz respeito a produtos, regiões, setores ou indústrias específicos;

CONSIDERANDO os esforços da comunidade internacional, em especial do Comitê de Segurança Alimentar Mundial e da Organização das Nações Unidas para a Alimentação e a Agricultura (FAO), para promover investimentos responsáveis em agricultura e nos sistemas alimentares e a governança responsável da posse da terra, da pesca e das florestas;

RECONHECENDO que a construção de cadeias de fornecimento responsáveis no setor agrícola é fundamental para o desenvolvimento sustentável;

RECONHECENDO que governos, empresas, organizações da sociedade civil e organizações internacionais podem recorrer às suas respectivas competências e funções para construir cadeias de fornecimento responsáveis no setor agrícola que beneficiem a sociedade em geral;

NOTANDO que a devida diligência é um processo contínuo, proativo e reativo por meio do qual as empresas podem garantir o cumprimento de padrões, com apoio governamental, para cadeias de fornecimento responsáveis no setor agrícola relacionadas a direitos humanos, direitos trabalhistas, saúde e segurança, segurança alimentar e nutrição, direitos de posse da terra, bem-estar animal, proteção ambiental e uso dos recursos naturais, governança e tecnologia e inovação;

CONSIDERANDO o Guia OCDE-FAO para Cadeias de Fornecimento Responsáveis no Setor Agrícola [C(2016)83/ADD1] (a seguir designado "Guia"), que pode ser alterado, conforme adequado, pelo Comitê de Investimento e pelo Comitê de Agricultura em cooperação com a FAO;

NOTANDO que este Guia propõe um modelo de política empresarial que descreve o conteúdo dos padrões existentes para as cadeias de fornecimento responsáveis no setor agrícola e um processo em cinco etapas para a devida diligência, descrevendo as etapas que as empresas devem seguir para identificar, prevenir, mitigar e prestar contas de como lidam com impactos adversos reais e potenciais associados às suas atividades ou relações comerciais;

Em relação à proposta do Comitê de Investimento e do Comitê de Agricultura:

I. **RECOMENDA** que os membros e não membros que adiram à presente recomendação (a seguir designados "Aderentes") e, quando relevantes, os respectivos Pontos de Contato Nacionais para as Diretrizes (a seguir designados "PCNs"), promovam ativamente a utilização do Guia pelas empresas que operam nos seus territórios ou a partir deles, com o objetivo de assegurar que observem os padrões internacionalmente aceitos em matéria de conduta empresarial responsável em cadeias de fornecimento no setor agrícola, a fim de evitar os impactos adversos de suas atividades e contribuir para o desenvolvimento sustentável e, em especial, para segurança alimentar, igualdade de gênero e redução da pobreza;

II. **RECOMENDA**, em especial, que os Aderentes tomem medidas para apoiar ativamente a adoção do modelo de política empresarial pelas empresas que operam nos seus territórios ou a partir deles, e a integração nos sistemas de gestão empresarial do processo em cinco etapas para a devida diligência baseada em riscos ao longo das cadeias de fornecimento no setor agrícola estabelecida no Guia.

III. **RECOMENDA** que os Aderentes e, quando relevante, os respectivos PCNs, com o apoio do Secretariado da OCDE, incluindo por meio de suas atividades com as Nações Unidas e organizações internacionais de desenvolvimento, assegurem a mais ampla divulgação possível do Guia e a sua utilização ativa pelas várias partes interessadas, pelas empresas, bem como promovam a sua utilização como recurso para as partes interessadas, incluindo no campo, empresas a montante e a jusante, comunidades afetadas e organizações da sociedade civil, e informem regularmente ao Comitê de Investimento e ao Comitê de Agricultura sobre quaisquer atividades de divulgação e implementação.

IV. **CONVIDA** os Aderentes e o Secretário-Geral a divulgarem a presente Recomendação;

V. **CONVIDA** os não Aderentes a considerarem e a aderirem à presente Recomendação;

VI. **INSTRUI** o Comitê de Investimento e o Comitê de Agricultura a monitorar a implementação da Recomendação e a apresentar um relatório ao Conselho em no máximo cinco anos após a sua aprovação e conforme apropriado a partir de então.

Introdução

O setor agrícola[1], com mais de 570 milhões de fazendas no mundo, deve continuar a atrair mais investimentos. Esse é, particularmente, o caso do Sul da Ásia e da África Subsaariana, onde o capital agrícola por trabalhador é relativamente baixo, de US$ 1.700 e US$ 2.200, respectivamente, em comparação com US$ 16.500 na América Latina e no Caribe e US$ 19.000 na Europa e na Ásia Central (FAO, 2012 e 2014). Na próxima década, projeções indicam que os preços dos produtos agrícolas permanecerão em um nível mais elevado do que nos anos anteriores ao pico de preços de 2007/2008, à medida que a procura de alimentos aumenta impulsionada pelo crescimento populacional, pelo aumento dos rendimentos e pela mudança nas dietas. A demanda por produtos agrícolas não alimentares também está aumentando (OCDE/FAO, 2015).

As empresas que operam ao longo das cadeias de fornecimento no setor agrícola podem contribuir significativamente para o desenvolvimento sustentável, criando empregos e atraindo competências, tecnologias e capacidades de financiamento para aumentar de forma sustentável a produção agrícola e modernizar as cadeias de fornecimento. Isso pode aumentar a segurança alimentar e nutricional e ajudar na consecução dos objetivos de desenvolvimento do país anfitrião. Os princípios internacionalmente aceitos de conduta empresarial responsável (CER)[2] visam garantir que as empresas contribuam para o desenvolvimento sustentável. Eles já são usados por um número significativo de empresas. Os riscos do não cumprimento desses princípios podem ser agravados à medida que novos atores, como investidores institucionais, tornam-se cada vez mais envolvidos nas cadeias de fornecimento no setor agrícola e à medida que um número crescente de investidores visa novos mercados, inclusive em países com estruturas fracas de governança.

Dar orientação às empresas envolvidas nas cadeias de fornecimento no setor agrícola sobre como observar os padrões de CER[3] vigentes é essencial para prevenir impactos adversos e garantir que os investimentos agrícolas beneficiem empresas[4], governos e comunidades, contribuindo para o desenvolvimento sustentável e, em particular, para a segurança alimentar, a igualdade de gênero e a redução da pobreza. As empresas visadas por este Guia para Cadeias de Fornecimento Responsáveis no Setor Agrícola (a seguir designado "Guia") são aquelas diretamente envolvidas na produção agrícola, como pequenos produtores, e outros atores envolvidos por meio de relações comerciais[5], como fundos de investimento, fundos soberanos ou bancos[6].

1. Objetivo

O Guia pretende ajudar as empresas a observarem os padrões existentes de CER ao longo das cadeias de fornecimento no setor agrícola[7], incluindo as Diretrizes da OCDE para Empresas Multinacionais (Diretrizes da OCDE). Seu objetivo é prevenir riscos de impactos adversos ambientais, sociais e nos direitos humanos, proporcionando um complemento potencialmente útil ao trabalho dos Pontos de Contato Nacionais (PCNs) encarregados de promover a eficácia das Diretrizes da OCDE (ver Quadro 0.1). Ele pode ajudar governos, em especial os PCNs, nos seus esforços para promover as Diretrizes da OCDE e esclarecer os padrões existentes no setor agrícola.

O Guia refere-se aos padrões existentes para ajudar as empresas a observar as Diretrizes da OCDE e a realizar a devida diligência baseada em riscos. Ele faz referência apenas às partes das Diretrizes da OCDE e a outros padrões que são mais relevantes para as cadeias de fornecimento no setor agrícola e não pretende substituí-los. Assim, as empresas devem consultar diretamente cada um desses padrões antes de apresentar quaisquer alegações sobre o cumprimento delas. Nem todos os aderentes à Declaração sobre Investimento Internacional e Empresas Multinacionais, da qual as Diretrizes da OCDE são parte integrante, ou membros da FAO subscrevem os padrões considerados neste Guia.

2. Abrangência

O Guia considera os padrões existentes que são relevantes para a conduta empresarial responsável ao longo das cadeias de fornecimento no setor agrícola, incluindo:

- As Diretrizes da OCDE para Empresas Multinacionais (Diretrizes da OCDE)

- Os Princípios para Investimentos Responsáveis em Agricultura e Sistemas Alimentares do Comitê de Segurança Alimentar Mundial (Princípios IRA-CSA)

- As Diretrizes Voluntárias sobre a Governança Responsável da Posse da Terra, da Pesca e das Florestas no Contexto da Segurança Alimentar Nacional do Comitê de Segurança Alimentar Mundial (VGGT)

- Os Princípios para o Investimento Responsável em Agricultura que Respeita os Direitos, Meios de Subsistência e Recursos desenvolvidos pela FAO, pelo Fundo Internacional de Desenvolvimento Agrícola (FIDA), pela Conferência da ONU sobre Comércio e Desenvolvimento (UNCTAD) e pelo Banco Mundial (PIRA)

- Os Princípios Orientadores das Nações Unidas sobre Empresas e Direitos Humanos [Implementando a Estrutura da ONU para "Proteger, Respeitar e Remediar"] (Princípios Orientadores das Nações Unidas sobre Empresas e Direitos Humanos)

- A Declaração Tripartite de Princípios sobre Empresas Multinacionais e a Política Social da Organização Internacional do Trabalho (Declaração sobre EMNs da OIT)

- A Convenção sobre Diversidade Biológica (CDB), incluindo as Diretrizes Voluntárias Akwé: Kon

- A Convenção sobre Acesso à Informação, Participação do Público no Processo de Tomada de Decisão e Acesso à Justiça em Matéria de Ambiente da Comissão Econômica das Nações Unidas para a Europa (Convenção de Aarhus).

Os padrões acima cumprem os três critérios abaixo estabelecidos pelo Grupo Consultivo[8]: foram negociados e/ou aprovados por meio de um processo intergovernamental; são relevantes para as cadeias de fornecimento no setor agrícola; e têm como alvo, em particular, a comunidade de empresas/investidores. Os quatro principais padrões considerados neste Guia estão descritos com mais detalhes no Quadro 0.1. O Guia também considera os padrões abaixo que não atendem a esses critérios, mas que são amplamente usados na medida em que sejam consistentes com os padrões acima:

- Os Padrões de Desempenho da Corporação Financeira Internacional

- Os Princípios do Pacto Global da ONU.

Instrumentos adicionais, como os tratados sobre direitos humanos da ONU, também são referenciados quando forem relevantes para a implementação dos padrões acima. Além disso, as empresas podem considerar útil fazer referência a outros padrões que não foram considerados neste Guia, bem como a ferramentas e orientações mais específicas: uma lista dessas informações está disponível on-line[9].

Quadro 0.1. Descrição dos principais padrões considerados no Guia

Diretrizes da OCDE para Empresas Multinacionais *(Diretrizes da OCDE)*: As Diretrizes da OCDE constituem uma das quatro partes da Declaração sobre Investimento Internacional e Empresas Multinacionais da OCDE de 1976, por meio da qual os Aderentes se comprometem a proporcionar um ambiente de investimento internacional aberto e transparente e a incentivar uma contribuição positiva das empresas multinacionais (EMNs) para progresso econômico e social. Atualmente, existem 46 Aderentes à Declaração - 34 economias da OCDE e 12 economias não da OCDE.1 As Diretrizes da OCDE foram revisadas várias vezes, mais recentemente em 2011. Elas são o conjunto mais abrangente de recomendações com apoio governamental sobre o que constitui a CER. Elas abrangem nove áreas principais de CER: transparência de informações, direitos humanos, emprego e relações do trabalho, meio ambiente, suborno e corrupção, interesses do consumidor, ciência e tecnologia, concorrência e tributação. Elas são apresentadas por governos às EMNs que operam dentro dos Aderentes e a partir deles. Os Aderentes devem estabelecer um PCN para promover a eficácia das Diretrizes, realizando atividades promocionais, esclarecendo questionamentos e contribuindo para a resolução de problemas relacionados à implementação das Diretrizes em casos específicos. As Diretrizes são o primeiro instrumento internacional usado para integrar a responsabilidade corporativa ao respeito dos direitos humanos, conforme estabelecido nos Princípios Orientadores das Nações Unidas sobre Empresas e Direitos Humanos, e a incorporar a devida diligência baseada em riscos nas principais áreas de ética empresarial relacionadas a impactos adversos.2

Princípios para Investimentos Responsáveis em Agricultura e Sistemas Alimentares *(Princípios IRA-CSA):* Os princípios foram desenvolvidos por meio de negociações intergovernamentais lideradas pelo Comitê de Segurança Alimentar Mundial (CSA) de 2012 a 2014 e envolveram organizações da sociedade civil, do setor privado, acadêmicos, pesquisadores e organizações internacionais. Eles foram aprovados pelo CSA em 15 de outubro de 2014 em sua 41ª sessão. São voluntários e não vinculantes e abordam todos os tipos de investimentos na agricultura e nos sistemas alimentares. Eles contêm dez princípios fundamentais sobre: segurança alimentar e nutrição; desenvolvimento econômico sustentável e inclusivo e erradicação da pobreza; igualdade de gênero e empoderamento das mulheres; juventude; posse da terra, da pesca e das florestas e acesso à água; gestão sustentável dos recursos naturais; patrimônio cultural, conhecimentos tradicionais, diversidade e inovação; agricultura segura e saudável; estruturas e processos de governança inclusivos e transparentes e mecanismos de reclamação; impactos e prestação de contas. Uma seção adicional descreve as funções e responsabilidades das partes interessadas.

Diretrizes Voluntárias sobre a Governança Responsável da Posse da Terra, da Pesca e das Florestas no Contexto da Segurança Alimentar Nacional do Comitê de Segurança Alimentar Mundial *(VGGT):* As VGGT são as primeiras diretrizes globais sobre a governança da posse da terra. Elas foram desenvolvidas por meio de negociações intergovernamentais lideradas pelo CSA e envolveram, ainda, organizações da sociedade

---

civil, do setor privado, acadêmicos e pesquisadores e organizações internacionais. Elas foram aprovadas pelo CSA na sua 38ª Sessão (Especial) em 11 de maio de 2012. As VGGT ganharam reconhecimento global e sua implementação foi incentivada pelo G20 e pela Declaração Rio +20. Em 21 de dezembro de 2012, a Assembleia Geral da ONU aplaudiu o resultado da 38ª Sessão (Especial) do CSA que aprovou as VGGT; incentivou os países a considerarem devidamente a sua implementação; e solicitou às entidades relevantes da ONU que assegurassem sua rápida distribuição e promoção.3 Essas Diretrizes fornecem um quadro de referência para melhorar a governança da posse da terra, da pesca e das florestas a fim de apoiar a segurança alimentar e contribuir para os esforços globais e nacionais para a erradicação da fome e da pobreza. Reconhecendo o papel central da terra no desenvolvimento, elas promovem a segurança dos direitos de posse e o acesso equitativo à terra, à pesca e às florestas. Elas estabelecem princípios e práticas internacionalmente aceitos que podem orientar a elaboração e a implementação de políticas e leis relacionadas à governança da posse da terra. Essas Diretrizes baseiam-se em e apoiam as Diretrizes Voluntárias em Apoio à Realização Progressiva do Direito à Alimentação Adequada no Contexto da Segurança Alimentar Nacional, que foram adotadas pelo Conselho da FAO em novembro de 2004.

Princípios para o Investimento Responsável em Agricultura que Respeita os Direitos, Meios de Subsistência e Recursos (PIRA): O Grupo de Trabalho Interagências *(GTIA),* composto pelo FIDA, pela FAO, pela UNCTAD e pelo Banco Mundial, realizou uma mesa-redonda durante a Assembleia Geral da ONU em setembro de 2009 sobre "Promover o Investimento Internacional Responsável na Agricultura" para apresentar os sete princípios e, posteriormente, publicou uma versão resumida em fevereiro de 2010. Os sete princípios concentram-se em: direitos sobre terras e recursos; segurança alimentar; transparência, boa governança e ambiente seguro; consulta e participação; investimento responsável no agronegócio; sustentabilidade social; e sustentabilidade ambiental.4 Em sua Reunião de Cúpula em Seul, em novembro de 2010, o G20 incentivou "todos os países e empresas a respeitarem os Princípios para o Investimento Responsável em Agricultura" no âmbito do seu plano de ação plurianual sobre o desenvolvimento. O GTIA apresentou um relatório sobre os PIRA e um Plano de Ação sobre Opções para Promover o Investimento Responsável na Agricultura ao G20 em 2011 e ao G8 em 2012.5 O G20 concordou com uma abordagem de duas vias simultâneas como o caminho a ser seguido para cumprir os PIRA e usar as lições aprendidas para informar diversos processos de consulta. Em outubro de 2012, o GTIA apresentou um relatório sobre o progresso de seu plano de ação, com referência especial aos testes de campo dos PIRA em países anfitriões e empresas.6 Recentemente, o Relatório de Responsabilidade de São Petersburgo de 2013 sobre os Compromissos de Desenvolvimento do G20 "aplaudiu o progresso dos projetos-piloto nos testes dos PIRA em alguns países da África e do Sudeste Asiático".

1. A partir de fevereiro de 2016, esses países são Argentina, Brasil, Colômbia, Costa Rica, Egito, Jordânia, Letônia, Lituânia, Marrocos, Peru, Romênia e Tunísia.

2. A devida diligência aplica-se a todos os capítulos das Diretrizes, com exceção de ciência e tecnologia, concorrência e tributação.

3. www.un.org/News/Press/docs//2012/ga11332.doc.htm.

4. O texto do PIRA pode ser baixado em www.responsibleagroinvestment.org.

5. Grupo de Trabalho Interagências sobre os Pilares da Segurança Alimentar do Plano de Ação Plurianual do G20 sobre Desenvolvimento, "Opções para Promover o

Investimento Responsável na Agricultura", Relatório ao Grupo de Trabalho de Alto Nível, setembro de 2011.

6. Grupo de Trabalho Interagências sobre os Princípios para o Investimento Responsável em Agricultura, Relatório de síntese sobre os testes de campo dos Princípios para o Investimento Responsável em Agricultura, outubro de 2012.

3. Público-alvo

Embora reconheça que os agricultores são os maiores investidores na agricultura primária, o Guia visa a todas as empresas que operam ao longo das cadeias de fornecimento no setor agrícola, conforme descrito na Figura 0.1 incluindo empresas nacionais e estrangeiras, privadas e públicas, de pequeno, médio e grande porte (denominadas "empresas" ao longo do Guia)[10]. Ele pode também ser utilizado pelos governos, em particular os PCNs, para melhor compreender e promover os padrões existentes nas cadeias de fornecimento no setor agrícola. Além disso, pode ajudar as comunidades afetadas a compreender o que devem esperar dos atores acima e, assim, garantir que seus direitos sejam respeitados.

4. Processo

- Guia foi desenvolvido pela FAO e pela OCDE por meio de um processo de consulta inclusivo, liderado por um Grupo Consultivo com diversas partes interessadas, criado em outubro de 2013[11]. O Grupo Consultivo é composto por representantes de membros e não membros da OCDE, investidores institucionais, empresas do setor agroalimentar, organizações de agricultores, organizações da sociedade civil e organizações internacionais. Seus objetivos são:

- Fornecer insumos substantivos para o desenvolvimento do Guia.

- Auxiliar no processo de consulta geral com outras partes interessadas relevantes, incluindo pelo fornecimento de insumos e pela participação em processos com múltiplos atores, em especial nas reuniões do Grupo de Trabalho de Composição Aberta do IRA-CSA.

- Fornecer insumos substantivos sobre as medidas de acompanhamento destinadas a promover e implementar o Guia de forma eficaz.

- Os Secretariados da FAO e da OCDE coordenaram o processo de consulta em cooperação com o Grupo Consultivo e sob a liderança do seu Presidente e Vice-Presidentes. O Grupo de Trabalho sobre Conduta Empresarial Responsável, órgão subsidiário do Comitê de Investimento da OCDE, e o Grupo de Trabalho sobre Políticas e Mercados Agrícolas, órgão subsidiário do Comitê de Agricultura da OCDE, foram consultados regularmente.

5. Conceitos-chave

5.1. Cadeias de fornecimento no setor agrícola

As cadeias de fornecimento no setor agrícola são um sistema que engloba todas as atividades, organizações, atores, tecnologia, informações, recursos e serviços envolvidos na produção de produtos agroalimentares para os mercados de consumo. Elas abrangem os setores agrícolas a montante e a jusante, desde o fornecimento de insumos agrícolas (como sementes, fertilizantes, rações, medicamentos ou equipamentos) à produção, manuseio pós-colheita, processamento, transporte, comercialização, distribuição e venda no varejo. Incluem também serviços de apoio, como serviços de extensão, pesquisa e desenvolvimento e informações de mercado. Desse modo, são formadas por uma vasta gama de empresas, que vão desde pequenos agricultores, organizações de agricultores, cooperativas e empresas start-up até EMNs, passando por empresas controladoras ou suas filiais locais, empresas e fundos estatais, agentes financeiros privados e fundações privadas. Alguns atores ingressaram no setor recentemente.

A estrutura das cadeias de fornecimento e das empresas envolvidas em cada fase varia significativamente entre produtos e locais geográficos[12].O mapeamento das empresas que operam ao longo das cadeias de fornecimento no setor agrícola deve, assim, ser realizado com base em cada caso, de forma a melhor compreender as relações e os fluxos de informação e financeiros entre essas empresas e para melhor projetar auditorias. Para fins deste Guia, a Figura 0.1 propõe uma estrutura simplificada da cadeia de fornecimento.

As empresas estão relacionadas por meio de relações e arranjos diversificados. As empresas a jusante podem estabelecer vários tipos de relações com explorações agrícolas para garantir o acesso aos produtos agrícolas. Elas podem impor padrões e especificações aos produtores com pouca participação para além de um contrato de compra. Mas também podem participar mais ativamente, particularmente por meio da agricultura contratual, a fim de coordenar a produção e garantir a qualidade e a segurança[13]. As empresas financeiras podem participar de forma mais indireta, fornecendo capital a explorações agrícolas a jusante, por meio de investimentos novos ou já existentes, joint ventures ou fusões e aquisições. Na prática, muitas vezes é difícil definir essas categorias. Por exemplo, cooperativas frequentemente são proprietárias ou administram equipamentos agrícolas, bem como ativos na ponta da cadeia (como usinas de açúcar), podendo, assim, ser consideradas tanto explorações agrícolas quanto empresas a jusante.

Figura 0.1. Várias etapas das cadeias de fornecimento no setor agrícola e empresas envolvidas

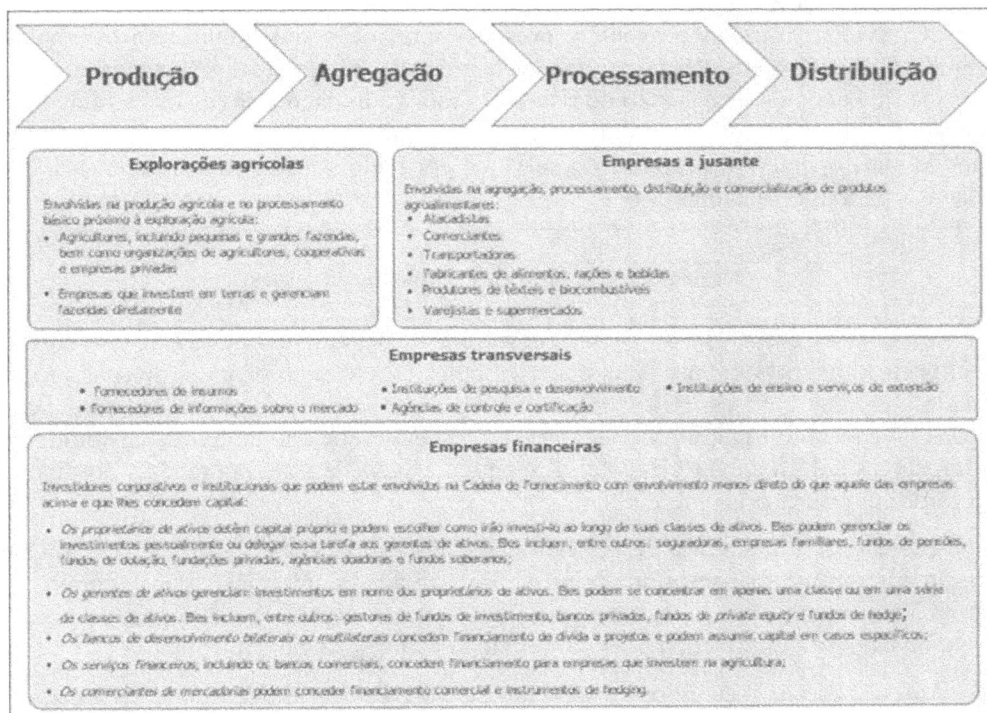

Observação: Esse diagrama serve apenas para referência e não pretende ser abrangente.

Figura 0.2. Riscos em várias etapas das cadeias de fornecimento no setor agrícola

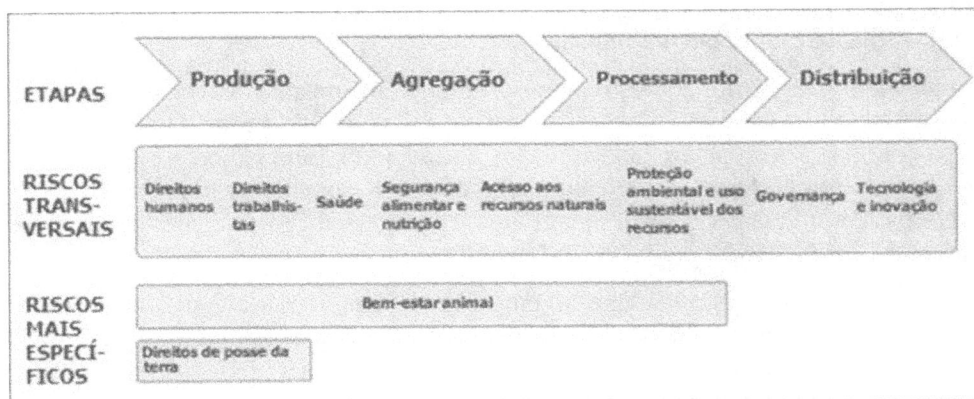

As empresas, dependendo de sua situação ao longo da cadeia de fornecimento, podem focar em riscos específicos (Figura 0.2). Por exemplo, as explorações agrícolas enfrentam maiores riscos relacionados a direitos de posse da terra. Assim, elas devem manter seu principal foco em realizar consultas de boa-fé, eficazes e significativas com os titulares dos direitos de posse da terra.

6. Devida diligência

A devida diligência é entendida como o processo por meio do qual as empresas podem identificar, avaliar, mitigar, prevenir e prestar contas de como lidam com os impactos adversos reais e potenciais de suas atividades como parte integrante dos sistemas de tomada de decisão de negócios e de gestão de riscos[14]. Trata de impactos adversos causados pelas empresas ou que tiveram sua contribuição, bem como impactos adversos diretamente ligados às suas operações, produtos ou serviços por meio de uma relação comercial (ver Quadro 0.2 para mais detalhes).

Quadro 0.2. Lidando com impactos adversos

De acordo com as Diretrizes da OCDE, as empresas devem "evitar causar ou contribuir para impactos adversos em assuntos cobertos pelas Diretrizes, por meio de suas próprias atividades, e lidar com esses impactos quando eles ocorrerem". Elas também devem "buscar prevenir ou mitigar um impacto adverso mesmo que não tenham contribuído para esse impacto se ele for, não obstante, diretamente ligado a suas operações, produtos ou serviços por uma relação comercial.

A intenção não é transferir a responsabilidade da entidade causadora de um impacto adverso para a empresa com a qual ela tem uma relação comercial". Por exemplo, uma instituição financeira pode contribuir para um impacto adverso causado pela empresa na qual ela investe e na qual detém uma participação majoritária ou controladora.

Uma empresa "*causa*" um impacto adverso se houver causalidade entre as operações, produtos ou serviços da empresa e o impacto adverso. A causa pode ser resultado de ação ou omissão, ou seja, uma falha em agir. "*Contribuir para*" um impacto adverso deve ser interpretado como uma contribuição significativa, ou seja, uma atividade que cause, facilite ou incentive outra entidade a causar um impacto adverso. Uma empresa também pode contribuir para um impacto adverso se a combinação das suas atividades e das atividades de outra entidade resultar em um impacto adverso.

"*Diretamente ligado*" é um conceito amplo e abrange os impactos adversos associados às relações comerciais. A expressão "*relações comerciais*" inclui os relacionamentos de uma empresa com parceiros comerciais, entidades na cadeia de fornecimento e qualquer outra empresa estatal ou não estatal diretamente ligada às suas operações comerciais, produtos ou serviços. As entidades com as quais uma empresa tem uma relação comercial são denominadas "*parceiros comerciais*" ao longo do Guia.

As Diretrizes da OCDE ressaltam que "as empresas devem incentivar, sempre que possível, os parceiros comerciais, incluindo fornecedores e subcontratados, a aplicar os princípios de CER compatíveis com as Diretrizes da OCDE". E declaram ainda que "uma empresa, agindo isoladamente ou em cooperação com outras entidades, conforme adequado, deve utilizar seu poder de influência1 para induzir uma entidade causadora de um impacto adverso nos direitos humanos a prevenir ou mitigar esse impacto".

Os fatores que determinam a ação apropriada incluem "o poder de influência da empresa sobre a entidade em questão, a importância do relacionamento para a empresa, a gravidade do impacto e se o próprio fim do relacionamento com a entidade traria impactos adversos nos direitos humanos".

> Assim, espera-se que as empresas usem seu poder de influência sobre entidades diretamente ligadas às suas operações, produtos ou serviços para apoiar a implementação deste Guia. Por exemplo, se os seus parceiros comerciais estiverem recebendo fornecimento ou tiverem ligação com qualquer parceiro comercial que viola direitos legítimos de posse da terra, eles devem trabalhar em conjunto em ações corretivas e, na medida do possível, encerrar a relação comercial se nenhuma ação corretiva for tomada.
>
> 1. Considera-se que existe um poder de influência quando uma empresa tem a capacidade de efetuar mudanças nas práticas ilícitas da entidade que causa o dano.
>
> Fonte: Diretrizes da OCDE, II.A.11-13; II.A, para. 14; e IV.43; OCDE (2014).

As empresas avaliam os riscos ao identificar as circunstâncias factuais das suas atividades e relações comerciais, e ao analisar esses fatos em relação aos direitos e deveres aplicáveis em padrões nacionais e internacionais, recomendações de CER de organizações internacionais, ferramentas com apoio governamental, iniciativas voluntárias privadas e suas próprias políticas e sistemas internos. A devida diligência pode ajudar as empresas e seus parceiros comerciais a assegurar o cumprimento de leis nacionais e internacionais e dos padrões de CER.

A natureza e a extensão da devida diligência serão afetadas por fatores como o porte da empresa, o contexto e a localização das suas operações, a natureza dos seus produtos ou serviços e a gravidade dos impactos adversos reais e potenciais[15]. Embora empresas de pequeno e médio porte, em particular pequenos agricultores, possam não ter capacidade para realizar a devida diligência da forma recomendada neste Guia, elas são encorajadas a se manterem envolvidas nos esforços de devida diligência dos seus clientes, a fim de melhorar a sua capacidade e ser capazes de realizá-la no futuro.

As Diretrizes da OCDE recomendam que seja realizada a devida diligência baseada em riscos, o que significa que a natureza e a extensão da devida diligência devem corresponder ao tipo e ao nível do risco dos impactos adversos[16]. A gravidade dos impactos adversos reais e potenciais deve determinar a escala e a complexidade da devida diligência necessária. As zonas de alto risco devem ser submetidas a um processo aprimorado de devida diligência. Empresas com um grande número de fornecedores são incentivadas a identificar áreas gerais em que o risco de impactos adversos é mais significativo e, com base nessa avaliação de risco, priorizar os fornecedores para a devida diligência[17]. Uma abordagem baseada em riscos não deve impedir as empresas de se envolverem em determinados contextos ou com determinados parceiros comerciais, mas deve ajudá-las a gerir os riscos de impactos adversos de forma eficaz em contextos de alto risco.

Conforme detalhado na Seção 3, os vários elementos da devida diligência podem ser incorporados no processo em cinco etapas abaixo.

Quadro 0.3. Processo em Cinco Etapas para a Devida Diligência

- **Etapa 1:** Estabelecer sistemas sólidos de gestão empresarial para cadeias de fornecimento responsáveis.

- **Etapa 2:** Identificar, avaliar e priorizar os riscos na cadeia de fornecimento.

- **Etapa 3:** Projetar e implementar uma estratégia para lidar com os riscos identificados na cadeia de fornecimento.

- **Etapa 4:** Verificar a devida diligência da cadeia de fornecimento.

- **Etapa 5:** Informar a respeito da devida diligência da cadeia de fornecimento.

Fonte: OCDE (2013), OECD Due Diligence Guidance for Responsible Supply Chains of Minerals from Conflict-Affected and High-Risk Areas: Second Edition, OECD Publishing, Paris, http://dx.doi.org/10.1787/9789264185050-en.

Como a mesma empresa pode abranger várias etapas da cadeia de fornecimento, assegurar uma boa coordenação entre diferentes departamentos da empresa pode ajudar na implementação da devida diligência. Considerando questões de concorrência e privacidade de dados, as empresas podem realizar a devida diligência ao colaborar dentro da indústria para garantir que o processo fortaleça os dois lados e reduza os custos por meio de:

- cooperação em toda a indústria, por exemplo por iniciativas criadas e administradas por uma organização industrial para apoiar e promover a adesão aos padrões internacionais[18];

- compartilhamento de custos dentro da indústria para tarefas específicas de devida diligência;

- coordenação entre os membros da indústria que usam os mesmos fornecedores;

- cooperação entre diferentes segmentos da cadeia de fornecimento, como empresas a montante e a jusante.

As parcerias com organizações internacionais e da sociedade civil também podem apoiar a devida diligência. Os programas focados na indústria são mais confiáveis quando envolvem não só empresas, mas também organizações da sociedade civil, sindicatos e especialistas relevantes e quando permitem a criação de consenso entre eles. No entanto, as empresas permanecem individualmente responsáveis pela sua devida diligência.

7. Estrutura

A estrutura do Guia é baseada nas Diretrizes da OCDE sobre a Devida Diligência para Cadeias de Fornecimento Responsáveis de Minerais de Áreas Afetadas por Conflitos e de Alto Risco[19], que esclarece como as Diretrizes da OCDE se aplicam a um setor específico, propondo medidas de devida diligência e redução de riscos. Após esta introdução, o Guia inclui:

- **Seção 1.** Um modelo de política empresarial que descreve o conteúdo dos padrões existentes para as cadeias de fornecimento responsáveis no setor agrícola.

- **Seção 2.** Um processo em cinco etapas para a devida diligência baseada em riscos ao longo das cadeias de fornecimento no setor agrícola.

- **Anexo A.** Uma descrição dos riscos e das medidas de mitigação de riscos ao longo das cadeias de fornecimento no setor agrícola, com base nos padrões existentes.

- **Anexo B.** Um guia de engajamento com povos indígenas.

Modelo de política empresarial para cadeias de fornecimento responsáveis no setor agrícola

Este modelo de política empresarial apresenta os principais padrões que devem ser observados pelas empresas na construção de cadeias de fornecimento responsáveis no setor agrícola. Ele faz isso ao descrever partes do conteúdo dos padrões internacionais aplicáveis às cadeias de fornecimento responsáveis no setor agrícola[20]. Alguns desses padrões, por exemplo, sobre direitos humanos e trabalhistas e de segurança alimentar, já foram incorporados às legislações de muitos países.

Este modelo de política empresarial pode ser adotado pelas empresas sem alterações, ou partes relevantes podem ser incorporadas e adaptadas às suas políticas existentes sobre responsabilidade social empresarial, sustentabilidade, gestão de riscos ou outras alternativas equivalentes. O uso de "nós" indica o autocomprometimento das empresas. Ao conceberem suas políticas, as empresas devem assegurar também que cumprem todas as legislações nacionais aplicáveis e considerar quaisquer outros padrões internacionais pertinentes. A adoção de uma política para cadeias de fornecimento responsáveis no setor agrícola é a primeira etapa do processo de devida diligência baseado em riscos, conforme indicado na Seção 3, a qual descreve como essa política pode ser implementada.

Reconhecendo os riscos dos impactos adversos significativos que podem surgir ao longo das cadeias de fornecimento no setor agrícola e reconhecendo a nossa responsabilidade de respeitar os direitos humanos e a nossa capacidade de contribuir para o desenvolvimento sustentável e, em particular, para a redução da pobreza, a segurança alimentar e nutrição e a igualdade de gênero, nós nos comprometemos a adotar, implementar, divulgar amplamente e incorporar nos contratos e acordos com parceiros comerciais a seguinte política para cadeias de fornecimento responsáveis no setor agrícola. Incentivaremos, sempre que possível, nossos parceiros comerciais a implementarem esta política e, se eles causarem ou contribuírem para impactos adversos, usaremos nosso poder de influência para prevenir ou mitigar esses impactos.

1. Padrões transversais de CER

1.1. Avaliação de impacto

Nas tomadas de decisões, avaliaremos e abordaremos continuamente os impactos reais e potenciais de nossas operações, processos, mercadorias e serviços ao longo de todo o ciclo de vida deles, a fim de evitar ou, quando inevitável, mitigar quaisquer impactos adversos. As avaliações de impacto devem envolver um número representativo de todos os grupos de partes interessadas relevantes[21].

1.2. Transparência

Divulgaremos informações precisas e oportunas relacionadas a fatores de risco previsíveis e nossas respostas a impactos ambientais, sociais e de direitos humanos específicos para comunidades afetadas em potencial, em todas as fases do ciclo de investimento[22]. Também forneceremos informações precisas, verificáveis e claras de forma suficiente para permitir que os consumidores tomem decisões informadas[23].

1.3. Consultas

Faremos consultas de boa-fé, efetivas e significativas com comunidades, intermediadas por suas próprias instituições representativas, antes de iniciar qualquer operação que possa afetá-las e continuaremos a realizar consultas com elas durante e no final das operações. Levaremos em consideração os diferentes riscos que homens e mulheres podem enfrentar[24].

Realizaremos consultas efetivas e significativas com os povos indígenas, intermediadas por suas próprias instituições representativas, a fim de obter seu consentimento livre, prévio e informado[25], de forma consistente com a realização das finalidades da Declaração dos Direitos dos Povos Indígenas das Nações Unidas e considerando as posições particulares e a compreensão dos estados individuais[26].

1.4. Partilha de benefícios

Garantiremos que nossas operações contribuam para o desenvolvimento rural sustentável e inclusivo[27], também, conforme adequado, pela promoção de uma partilha justa e equitativa de benefícios monetários e não monetários com as comunidades afetadas em termos mutuamente aceitos, de acordo com tratados internacionais, se aplicável às partes desses tratados; por exemplo, no uso de recursos genéticos para a alimentação e a agricultura[28].

1.5. Mecanismos de reclamação

Disponibilizaremos mecanismos de reclamação de nível operacional legítimos, acessíveis, previsíveis, equitativos e transparentes em consultas com potenciais usuários. Também cooperaremos em outros mecanismos de reclamação não judiciais. Esses mecanismos de reclamação podem permitir a remediação se nossas operações causarem ou contribuírem para impactos adversos devido à não adesão aos padrões de CER[29].

1.6. Gênero

Ajudaremos a eliminar a discriminação contra a mulher, aumentar a sua participação significativa nas funções de tomada de decisão e liderança, assegurar seu desenvolvimento e avanço profissional e facilitar a igualdade de acesso e controle sobre os recursos naturais, insumos, ferramentas de produção, serviços financeiros e de consultoria, formação, mercados e informações[30].

2. Direitos Humanos

No âmbito dos direitos humanos internacionalmente reconhecidos[31], das obrigações internacionais em matéria de direitos humanos dos países em que operamos, bem como das leis e regulamentos nacionais relevantes, iremos:

- Respeitar os direitos humanos[32], o que significa evitar violar os direitos humanos dos outros e enfrentar os impactos adversos nos direitos humanos com os quais estamos envolvidos.

- No contexto de nossas próprias atividades, evitar causar ou contribuir para impactos adversos aos direitos humanos e abordar esses impactos quando eles ocorrem[33].

- Buscar formas de prevenir ou mitigar impactos adversos nos direitos humanos que sejam diretamente ligados a nossas operações, produtos ou serviços por um relacionamento comercial, mesmo que nós não tenhamos contribuído para esses impactos[34].

- Realizar a devida diligência dos direitos humanos conforme apropriado ao porte, à natureza e ao contexto de nossas operações e à gravidade dos riscos dos impactos adversos nos direitos humanos[35].

- Proporcionar ou cooperar, por meio de processos legítimos, na remediação de impactos adversos nos direitos humanos quando identificarmos que causamos ou contribuímos para esses impactos[36].

- No âmbito das nossas próprias atividades, garantir que os direitos humanos de todas as pessoas sejam respeitados, sem distinção de qualquer tipo, como raça, cor, sexo, idioma, religião, opinião política ou outra, origem nacional ou social, propriedade, nascimento ou outra situação[37].

3. Direitos trabalhistas

Respeitaremos os padrões trabalhistas internacionais fundamentais nas nossas operações, particularmente: a liberdade de associação e o direito a acordos coletivos, incluindo para trabalhadores migrantes, a eliminação de todas as formas de trabalho forçado ou obrigatório, a abolição efetiva do trabalho infantil e a eliminação da discriminação em matéria de emprego e de ocupação[38].

Em nossas operações, nós também:

- Asseguramos a saúde e a segurança no trabalho.

- Garantimos salários, benefícios e condições de trabalho dignas, que sejam pelo menos adequadas para satisfazer as necessidades básicas dos trabalhadores e das suas famílias, e nos esforçamos a melhorar as condições de trabalho[39].

- Promovemos a segurança do emprego e cooperamos com regimes governamentais para proporcionar alguma forma de proteção da renda dos trabalhadores cujo emprego tenha sido encerrado[40].

- Buscamos impedir abusos a trabalhadores migrantes[41].

- Adotamos abordagens, medidas e processos para aumentar a participação significativa das mulheres nas decisões e nos papeis de liderança[42].

Contribuiremos para conquistar o direito ao trabalho[43] por meio de:

- esforços para aumentar as oportunidades de emprego, direta e indiretamente[44]

- garantia de treinamento adequado para todos os níveis de trabalhadores, a fim de satisfazer as necessidades da empresa e as políticas de desenvolvimento do país anfitrião, incluindo por meio do aumento da produtividade dos jovens e/ou do acesso por eles a oportunidades de emprego e empreendedorismo[45]

- garantia da proteção à maternidade no trabalho[46].

4. Saúde e segurança

Promoveremos a saúde pública[47] por meio de:

- adoção de práticas adequadas para prevenir ameaças à vida humana, à saúde e ao bem-estar em nossas operações, bem como para prevenir ameaças decorrentes do consumo, uso ou descarte de nossas mercadorias e de nossos serviços, aderindo, inclusive, às boas práticas de segurança alimentar[48];

- contribuição para a proteção da saúde e da segurança das comunidades afetadas durante o ciclo de vida das nossas operações[49].

5. Segurança alimentar e nutrição

Vamos nos esforçar para garantir que nossas operações contribuam para a segurança alimentar e a nutrição. Buscaremos aprimorar a disponibilidade, acessibilidade, estabilidade e utilização de alimentos seguros, nutritivos e diversificados[50].

6. Direitos de posse da terra e acesso aos recursos naturais

Respeitaremos titulares legítimos de direitos de posse da terra[51] e seus direitos aos recursos naturais, incluindo direitos públicos, privados, comuns, coletivos, indígenas e consuetudinários que forem potencialmente afetados por nossas atividades. Os recursos naturais incluem as terras, a pesca, as florestas e a água.

Na máxima medida possível, vamos nos comprometer com a transparência e a divulgação de informações sobre os nossos investimentos fundiários, inclusive com a transparência dos termos de contratos de locação/concessão, considerando as restrições de privacidade[52].

Daremos preferência a projetos alternativos viáveis para evitar ou, se não for possível evitar, para minimizar o deslocamento físico e/ou econômico de titulares legítimos de direitos de posse da terra, ao mesmo tempo em que equilibramos custos e benefícios ambientais, sociais e financeiros, prestando atenção especial aos impactos adversos sobre as pessoas mais carentes e vulneráveis. Estamos cientes de que, sujeitos às suas leis nacionais e de acordo com o contexto nacional, os estados só devem desapropriar esses direitos, se assim for exigido para fins de utilidade pública e devem garantir uma compensação rápida, adequada e eficaz[53].

Se os titulares de direitos legítimos de posse da terra forem afetados negativamente, procuraremos assegurar que eles recebam uma compensação rápida, adequada e eficaz por seus direitos de posse da terra impactados negativamente por nossas operações[54].

7. Bem-estar animal

Apoiaremos o bem-estar dos animais em nossas operações[55], incluindo por meio de:

- busca por assegurar a aplicação das "cinco liberdades" em matéria de bem-estar animal, isto é, estar livre de fome, sede e desnutrição, livre de desconforto físico e térmico, dor, lesão e doença, medo e angústia e livre para expressar seu comportamento natural[56];

- garantia de elevados padrões de gestão e manejo animal com baixo estresse para a produção animal, que sejam adequados ao porte das nossas operações, de acordo com os princípios da Organização Internacional para Saúde Animal (OIE) ou excedendo esses princípios[57].

8. Proteção ambiental e uso sustentável dos recursos naturais

Estabeleceremos e manteremos, em conjunto com órgãos governamentais responsáveis e terceiros, conforme apropriado, um sistema de gestão ambiental e social adequado à natureza e ao porte das nossas operações e proporcional ao grau dos riscos e impactos ambientais e sociais em potencial[58].

Melhoraremos continuamente o nosso desempenho ambiental ao:

- prevenir, minimizar e remediar a poluição e os impactos negativos no ar, na terra, no solo, na água, nas florestas e na biodiversidade e reduzir as emissões de gases de efeito estufa;

- evitar ou reduzir a produção de resíduos perigosos e não perigosos, substituir ou reduzir o uso de substâncias tóxicas[59] e melhorar o uso produtivo dos resíduos ou assegurar um descarte seguro deles;

- assegurar o uso sustentável dos recursos naturais e aumentar a eficiência da utilização dos recursos e da energia[60];

- reduzir a perda e o desperdício de alimentos e promover a reciclagem;

- promover boas práticas agrícolas, inclusive para manter ou melhorar a fertilidade do solo e evitar a sua erosão;

- apoiar e preservar a biodiversidade, os recursos genéticos e os serviços ecossistêmicos; respeitar as zonas protegidas[61], zonas de alto valor de conservação e espécies ameaçadas de extinção; assim como controlar e minimizar a disseminação de espécies não nativas invasoras;

- aumentar a resiliência dos sistemas agrícolas e alimentares, dos habitats de apoio e dos meios de subsistência relacionados aos efeitos da mudança climática por meio de medidas de adaptação[62].

9. Governança

Vamos prevenir e nos abster de qualquer forma de corrupção e de práticas fraudulentas[63]. Cumpriremos à risca e em espírito as leis e os regulamentos fiscais dos países em que operamos[64]. Vamos nos abster de celebrar ou assinar acordos anticoncorrenciais entre concorrentes e cooperaremos com as autoridades de investigação em temas de concorrência[65]. Na medida em que sejam aplicáveis às empresas, atuaremos de acordo com os Princípios contidos na Recomendação do Conselho da OCDE sobre os Princípios de Governança Corporativa[66].

10. Tecnologia e inovação

Contribuiremos para o desenvolvimento e a difusão de tecnologias apropriadas, particularmente tecnologias ecológicas e aquelas que geram emprego direto e indireto[67].

Processo em cinco etapas para a devida diligência baseada em riscos ao longo
das cadeias de fornecimento no setor agrícola

As empresas devem implementar o seguinte processo em cinco etapas para realizar a devida diligência baseada em riscos ao longo das cadeias de fornecimento no setor agrícola: (i) estabelecer sistemas sólidos de gestão empresarial para cadeias de fornecimento responsáveis no setor agrícola; (ii) identificar, avaliar e priorizar os riscos na cadeia de fornecimento; (iii) projetar e implementar uma estratégia para lidar com os riscos identificados; (iv) verificar a devida diligência da cadeia de fornecimento; e (v) informar a respeito da devida diligência da cadeia de fornecimento. A primeira etapa inclui a adoção de uma política empresarial para a CER que pode ser baseada no modelo de política empresarial incluso na Seção 2 do Guia. Embora todas as empresas devam realizar a devida diligência, a aplicação desse processo em cinco etapas deve ser adaptada à posição e ao tipo de envolvimento dessas empresas na cadeia de fornecimento, ao contexto e à localização das suas operações e ao porte e à capacidade delas. Na medida do possível, esta seção diferencia as responsabilidades dos vários tipos de empresas (explorações agrícolas, empresas a jusante e do setor financeiro) em cada etapa.

1. **Etapa 1. Estabelecer sistemas sólidos de gestão empresarial para cadeias de fornecimento responsáveis no setor agrícola**

1.1. *Adotar, ou integrar nos processos existentes, uma política empresarial para a CER ao longo da Cadeia de Fornecimento (a seguir designada "política empresarial para a CER")*

Essa política deve incorporar os padrões com base nos quais a devida diligência deve ser realizada, de acordo com os padrões internacionais e o modelo de política empresarial acima. Ela pode consistir em uma única política ou em várias políticas separadas (por exemplo, política empresarial em matéria de direitos humanos) e pode incluir o compromisso de aderir aos padrões existentes específicos do setor, como sistemas de certificação[68]. Se existirem políticas mais antigas, uma revisão pode determinar se existem lacunas em comparação com o modelo de política empresarial na Seção 2 e as políticas existentes podem ser atualizadas adequadamente.

A política empresarial para a CER deve:

- ser aprovada no nível mais alto da empresa. Uma responsabilidade de nível sênior deve ser atribuída para a sua implementação;

- ser comunicada com base em conhecimentos especializados internos e externos pertinentes e, se for caso, em consultas às partes interessadas;

- estabelecer as expectativas da empresa em termos da CER dos empregados, parceiros comerciais e outras partes diretamente vinculadas às suas operações ou aos seus produtos ou serviços;

- ser disponibilizada publicamente e comunicada a todos os empregados, parceiros comerciais e outras partes relevantes;

- ser refletida nas políticas e nos procedimentos operacionais necessários para incorporá-la em toda a empresa[69];

- ser revisada e adaptada regularmente conforme mais conhecimento é adquirido sobre os riscos da cadeia de fornecimento e os padrões internacionais.

Embora alguns riscos de impactos adversos surjam em etapas específicas da cadeia de fornecimento, como as etapas de produção e processamento para posse da terra e bem-estar animal, a política empresarial para a CER deve abordar os riscos que possam surgir em toda a cadeia de fornecimento.

1.2. Estruturar a gestão interna para apoiar a devida diligência da cadeia de fornecimento

A gerência sênior deve estar visível e ativamente envolvida no processo de implementação e garantia do cumprimento da política empresarial para a CER. Os empregados e parceiros comerciais devem receber treinamento e incentivos para cumpri-la. Uma pessoa com competências técnicas e culturais relevantes deve ser responsável pela devida diligência com a equipe de apoio necessária. Recursos financeiros adequados devem ser disponibilizados. Uma estrutura interna para denúncias deve ser estabelecida, mantida e comunicada dentro da empresa em momentos decisivos. As práticas de CER devem ser consistentes em todas as operações da empresa. Essas medidas devem ser adaptadas à finalidade, às atividades, aos produtos e ao porte da empresa, considerando a sua capacidade financeira.

1.3. Estabelecer um sistema de controles e transparência ao longo da cadeia de fornecimento

O acompanhamento da implementação da política empresarial para a CER é fundamental para a credibilidade e a eficácia da política e para as boas relações com as partes interessadas, incluindo os governos. Isso envolve:

- A criação de procedimentos de verificação internos para que revisões periódicas independentes e transparentes do cumprimento da política sejam realizadas. Esse procedimento pode consistir em um sistema de rastreabilidade[70] que inclua: a criação de documentação interna dos processos de devida diligência, das conclusões e das consequentes decisões; a manutenção de um inventário interno e de uma documentação de transações que possa ser utilizada retrospectivamente para identificar os atores na cadeia de fornecimento; a realização e o recebimento de pagamentos por meio de serviços bancários oficiais e a garantia de que todas as compras inevitáveis em dinheiro sejam comprovadas por documentação verificável; e a manutenção das informações coletadas por muitos anos. As empresas a montante devem estabelecer a rastreabilidade do balanço de massa ou segregação física[71], por exemplo, por meio de uma cadeia de custódia, enquanto as empresas a jusante devem identificar os seus fornecedores a montante e os países de fornecimento dos seus subfornecedores. As informações de devida diligência transmitidas de empresas a montante às empresas a jusante podem aumentar a transparência e facilitar a rastreabilidade.

- O estabelecimento de relações comerciais permanentes como o melhor meio para um fluxo contínuo de informações. Os canais de comunicação com várias partes interessadas podem alertar sobre possíveis desvios da política e dos padrões relevantes. A execução e o acompanhamento de auditorias periódicas e de avaliações de impactos em matéria ambiental, social e de direitos humanos (AIASDHs)[72] também podem ajudar a avaliar a conformidade, mas não devem substituir esses fluxos de informação.

1.4. Fortalecer o engajamento com parceiros comerciais

Uma política para CER baseada na política empresarial para a CER deve ser incorporada em contratos e acordos com parceiros comerciais. Ela deve ser adaptada para as suas capacidades. As relações de longo prazo com os parceiros comerciais podem aumentar o poder de influência para incentivar a adoção dessa política e melhorar a transparência. Os planos de implementação desenvolvidos com parceiros comerciais e que envolvem governos locais e centrais, organizações internacionais e a sociedade civil também podem melhorar o cumprimento, em especial por meio da oferta de treinamento de capacitação. Por exemplo, as empresas podem construir as capacidades dos pequenos agricultores que podem enfrentar dificuldades para cumprir requisitos rigorosos que podem, ainda, ser onerosos.

1.5. Estabelecer um mecanismo de reclamação de nível operacional em consulta e colaboração com as partes interessadas relevantes

Um mecanismo de reclamação[73] pode ajudar a alertar as empresas sobre desvios dos padrões relevantes e ajudá-las a identificar riscos, inclusive ao permitir uma melhor comunicação com as partes interessadas relevantes. Ele pode ser criado no nível de um projeto, uma empresa ou um setor e deve ser utilizado como um sistema de alerta precoce para conscientização de riscos e como um mecanismo para prevenir conflitos e fornecer reparação. Por exemplo, os mecanismos de reclamação estabelecidos pelos sistemas de relações industriais existentes e pelos acordos coletivos podem estabelecer mecanismos eficazes e confiáveis para o cumprimento dos direitos trabalhistas.

Os mecanismos de reclamação devem ser facilmente acessíveis pelos trabalhadores e por todas as pessoas que forem afetadas efetiva ou potencialmente pelos impactos adversos resultantes do não cumprimento pela empresa dos padrões de CER. As empresas devem divulgar a existência desses mecanismos e as modalidades de acesso, incentivar ativamente a sua utilização, garantir que os seus usuários permaneçam anônimos e protegidos contra represálias e verificar regularmente a sua eficácia. Elas devem também manter um registro público das reclamações recebidas, e as lições aprendidas por meio dos mecanismos de reclamação devem ser incorporadas na política empresarial para a CER, nas relações com parceiros comerciais e nos sistemas de monitoramento.

Os mecanismos de reclamação devem complementar os mecanismos judiciais e outros mecanismos não judiciais, como os PCNs, com os quais as empresas também devem se envolver.

2. Etapa 2. Identificar, avaliar e priorizar os riscos na cadeia de fornecimento

2.1. Mapear a cadeia de fornecimento

Para isso, é necessário identificar os vários atores envolvidos, incluindo, quando pertinente, os nomes dos fornecedores imediatos e parceiros comerciais, bem como os locais de operação. Por exemplo, as seguintes informações podem ser solicitadas às explorações agrícolas: nome da unidade produtora; endereço e identificação do local; informações de contato do administrador do local; categoria, quantidade, datas e métodos de produção; quantidade de trabalhadores por gênero; lista das práticas de gerenciamento de riscos; rotas de transporte; e avaliações de risco realizadas.

As empresas, principalmente as empresas financeiras e as empresas voltadas para o consumidor que são distantes da produção agrícola, podem não ser capazes, inicialmente, de mapear todos os seus fornecedores e parceiros comerciais. No entanto, elas devem trabalhar sistematicamente para ter uma visão completa das suas relações comerciais. A extensão das informações coletadas sobre os parceiros comerciais depende da gravidade dos riscos e da sua ligação com os riscos identificados.

2.2. Avaliar os riscos de impactos adversos ambientais, sociais e de direitos humanos[74] das operações, processos, bens e serviços da empresa e dos seus parceiros comerciais ao longo de todo o seu ciclo de vida

Essas avaliações devem identificar a extensão total dos impactos adversos reais e potenciais na cadeia de fornecimento causados pela empresa ou contribuídos por ela ou diretamente ligados às suas operações ou aos seus produtos ou serviços em consequência de uma relação comercial. Elas devem abranger os impactos ambientais, sociais e de direitos humanos e podem ser exigidas e reguladas pelas leis nacionais. A abrangência e a frequência dessas avaliações devem refletir a gravidade dos riscos e o desempenho dos parceiros comerciais ao gerenciá-los. Elas podem ser usadas para fins de transparência, mas também como uma forma mais prática e prospectiva de lidar com riscos específicos, fortalecer o diálogo com os fornecedores e melhorar o desempenho do fornecedor.

Com base nos padrões existentes, o Anexo A (Seção 1.3) apresenta mais detalhes sobre as etapas e os impactos que essas avaliações devem incluir. Além disso, essas avaliações devem identificar[75]:

- os titulares de direitos e as partes interessadas relevantes, em especial as mulheres, que provavelmente serão afetados pelas operações continuamente[76];

- qualquer parceiro comercial que corra o risco de não realizar a devida diligência;

- quaisquer "sinais de alerta" descritos no Quadro 0.1 Nesses casos, uma devida diligência aprimorada pode ser necessária, podendo incluir a verificação in loco das circunstâncias qualitativas para locais, produtos ou parceiros comerciais que representem um sinal de alerta;

- qualquer inconsistência razoável entre as circunstâncias factuais das operações e a política empresarial para a CER.

Vários tipos de avaliações podem ajudar a identificar os sinais de alerta. As avaliações de risco dentro de um contexto classificam as regiões e os países de fornecimento com risco baixo, médio ou alto para áreas de risco específicas ao avaliar a estrutura regulatória, o contexto político, as liberdades civis e o ambiente socioeconômico. As avaliações de risco a nível local visam a compreender as circunstâncias factuais das operações dos parceiros comerciais, a fim de avaliar a abrangência, a gravidade e a probabilidade dos riscos a nível local. Elas devem formar a base do processo de pré-qualificação de novos parceiros comerciais. Uma avaliação padrão dos riscos deve ser aplicada para os parceiros comerciais que operam em contextos de baixo risco. Uma avaliação de risco aprimorada deve ser aplicada para todos os parceiros comerciais que operam em contextos de risco médio e alto. As avaliações podem incluir a realização de consultas às partes interessadas, o acompanhamento por um terceiro, como organizações da sociedade civil, e a organização de visitas às fazendas e/ou unidades de processamento.

A avaliação dos riscos deve ser um processo contínuo, a fim de manter uma imagem real dos riscos ao longo do tempo, considerando as mudanças nas circunstâncias. As seguintes situações devem provocar novas avaliações de risco: a aquisição de um novo mercado; alterações no ambiente operacional de um parceiro comercial (por exemplo, mudança de governo); o fornecedor passar a fazer aquisições em áreas de risco médio ou alto; o início de uma nova relação comercial; uma mudança no proprietário de um parceiro comercial; o desenvolvimento de um novo produto; ou uma mudança no modelo de negócios.

Quadro 0.1. Exemplos de situações que justificam uma devida diligência aprimorada: Sinais de alerta

- **Sinais de alerta para locais** - As operações são planejadas ou os produtos agrícolas são originados em áreas:

    - afetadas por conflitos ou consideradas áreas de alto risco;1 consideradas de governança fraca;2

    - onde os governos nacionais ou locais não cumprem os padrões internacionalmente aceitos de CER ou não prestam apoio à empresa para garantir o cumprimento desses padrões, por exemplo, ao propor terras agrícolas em áreas sobre as quais as comunidades locais têm direitos legítimos de posse da terra e não tenham sido consultadas ou que estejam localizadas em áreas protegidas;

    - onde violações dos direitos humanos ou dos direitos trabalhistas tenham sido denunciadas;

    - onde os direitos de posse da terra são pouco definidos ou são contestados;

    - onde as comunidades enfrentam insegurança alimentar ou escassez de água afetadas pela degradação ambiental ou definidas como zonas protegidas.

- **Sinais de alerta para produtos**

    - Sabe-se que a produção do produto agrícola tem impactos adversos ambientais, sociais ou de direitos humanos em determinados contextos.

    - produto agroalimentar não cumpre os padrões de saúde e segurança alimentar.

- **Sinais de alerta para parceiros comerciais**

    - Sabe-se que os parceiros comerciais não cumprem os padrões contidos neste Guia.

- Sabe-se que eles obtiveram produtos agrícolas de um local de alerta nos últimos doze meses.

- Eles têm ações ou outras participações em empresas que não cumprem os padrões deste Guia ou que fornecem produtos agrícolas a partir de um local de alerta ou operam nesse tipo de local.

1. As áreas afetadas por conflitos e de alto risco são identificadas pela presença de conflito armado, violência generalizada ou outros riscos de danos para as pessoas. O conflito armado pode assumir uma variedade de formas, como um conflito de caráter internacional ou nacional, que pode envolver dois ou mais estados, ou pode consistir em guerras de libertação, insurgências ou guerras civis etc. As áreas de alto risco podem incluir áreas de instabilidade política ou repressão, fragilidade das instituições, insegurança, colapso das infraestruturas civis e violência generalizada. Essas áreas são frequentemente caracterizadas por violações generalizadas dos direitos humanos e violações do direito nacional ou internacional (OCDE, 2013).

2. Isso pode incluir áreas com baixo desempenho de acordo com os Indicadores de Governança Mundial do Banco Mundial ou o Índice de Percepção de Corrupção da Transparência Internacional. Pode incluir também países que não se comprometeram ou não começaram a implementar as disposições da Convenção das Nações Unidas contra a Corrupção.

As avaliações de risco dependem **do tipo de empresa:**

- As explorações agrícolas podem criar equipes de avaliação no local para gerar e compartilhar informações verificáveis, confiáveis e atualizadas sobre as circunstâncias qualitativas da produção agrícola. Essas empresas precisariam garantir que respeitam os titulares de direitos legítimos de posse da terra, incluindo ao consultar, de boa-fé, as comunidades locais de forma efetiva e significativa. Se estiverem envolvidas na produção pecuária, devem apoiar o bem-estar animal nas suas operações e devem fornecer os resultados das suas avaliações de risco às empresas a jusante.

- As empresas a jusante devem não apenas identificar os riscos nas suas próprias operações, mas também devem envidar seus melhores esforços para avaliar os riscos enfrentados pelos seus fornecedores. Elas podem fazer isso ao avaliar a devida diligência realizada pelos seus fornecedores ou ao avaliar diretamente as operações deles, por exemplo, por meio da realização de visitas às fazendas. A participação em acordos setoriais que avaliam a conformidade dos parceiros comerciais com os padrões de CER e fornecem informações relevantes também pode dar apoio a essas avaliações.

- •As empresas financeiras podem ter centenas ou milhares de clientes. Pode ser que nem sempre seja viável realizar avaliações de risco para cada um desses clientes. De acordo com as Diretrizes da OCDE, espera-se que todas as empresas identifiquem áreas gerais em que o risco de impactos adversos é mais significativo e priorizem a devida diligência de forma adequada. A abrangência adequada das responsabilidades de devida diligência de uma instituição financeira depende da natureza das suas operações, produtos e serviços[77].

3. Etapa 3. Projetar e implementar uma estratégia para lidar com os riscos identificados

3.1. Comunicar as conclusões da avaliação dos riscos à administração sênior designada

3.2. Adotar um plano de gerenciamento de riscos

Esse plano pode incluir as medidas para mitigar e prevenir os riscos sugeridos no Anexo

A e pode propor vários cenários, dependendo da proximidade da empresa com os impactos adversos (ver Quadro 0.2 para mais detalhes):

- Se a empresa for a causadora dos impactos adversos, ela deve apresentar uma medida para remediar[78] os impactos adversos reais e prevenir impactos adversos potenciais. Isso pode incluir a suspensão temporária das operações, ao mesmo tempo em que são feitos esforços mensuráveis para evitar quaisquer impactos adversos futuros, ou a suspensão definitiva das operações se esses impactos não puderem ser mitigados.

- Se a empresa contribuir para os impactos adversos, ela deve encerrar a sua contribuição para esses impactos adversos e usar o seu poder de influência para mitigar quaisquer impactos adversos remanescentes. Isso pode implicar a suspensão temporária das operações. A empresa também deve tomar medidas preventivas para garantir que esses impactos adversos não ocorram novamente.

- Se a empresa não tiver contribuído para o impacto adverso, mas, de qualquer forma, o impacto estiver diretamente ligado às suas operações, produtos ou serviços por uma relação comercial, ela deve usar o seu poder de influência para mitigar ou prevenir o impacto adverso. Isso pode resultar no desengajamento com um parceiro comercial após tentativas falhas de mitigar os riscos ou se a mitigação dos riscos for considerada inviável ou inaceitável. Os fatores relevantes para determinar a resposta adequada incluem: a gravidade e a probabilidade de um impacto adverso, a capacidade da empresa de influenciar e/ou criar um poder de influência sobre o parceiro comercial ou outros atores relevantes (como o governo) e quão essencial o parceiro comercial é para a empresa.

Empresas de todos os tipos podem causar diretamente, contribuir ou estar diretamente ligadas a impactos adversos. Os exemplos a seguir ilustram o que isso pode significar na prática:

- Causando os impactos: Os três tipos de empresas (explorações agrícolas, empresas a jusante e do setor financeiro) podem causar impactos adversos diretamente. No entanto, alguns impactos adversos podem ser causados diretamente apenas por explorações agrícolas e, em menor medida, por empresas a jusante, como impactos nos direitos de posse da terra e no bem-estar animal. Se, em uma avaliação de risco, descobrir-se que a exploração agrícola viola os direitos de posse da terra dos titulares legítimos de direitos, ela deverá remediar esses impactos, ou seja, devolver a terra aos titulares legítimos de direitos ou garantir que eles recebam uma compensação justa e rápida.

- Contribuindo para os impactos: Se um grande varejista de alimentos exigir prazos de entrega mais curtos de produtos agrícolas sazonais e frescos, como morangos, isso pode levar seus fornecedores a aumentar repentinamente sua mão de obra para atender a demanda e, assim, gerar abusos para trabalhadores migrantes temporários. Assim, o varejista de alimentos deve cessar a sua contribuição para esse impacto adverso, por exemplo, ao atenuar a pressão exercida sobre o seu fornecedor ou aumentando os preços de compra, a fim de considerar as limitações do fluxo de caixa dos seus fornecedores.

- Diretamente ligadas aos impactos: Um fundo de pensões pode investir em um fundo de investimentos que, por sua vez, investe em uma exploração agrícola que utiliza trabalho infantil em algumas das tarefas manuais intensas, como a colheita de baunilha. Assim, o fundo de pensões está diretamente ligado a impactos adversos em matéria de direitos humanos. Ele deve utilizar o seu poder de influência para prevenir ou mitigar o impacto adverso, por exemplo, ao expressar a sua intenção de encerrar seus investimentos se o trabalho infantil não for abordado no nível da exploração agrícola.

3.3. *Implementar o plano de gerenciamento de riscos, monitorar e acompanhar o desempenho dos esforços de mitigação de riscos e informar a administração sênior designada*

Isso inclui consultar as partes interessadas afetadas, incluindo trabalhadores e seus representantes, e parceiros comerciais, para esclarecer dúvidas e chegar a um acordo sobre a estratégia para mitigar os riscos.

4. Etapa 4. Verificar a devida diligência da cadeia de fornecimento

As empresas devem tomar medidas para verificar se as suas práticas de devida diligência são eficazes, ou seja, para verificar se os riscos foram adequadamente identificados e mitigados ou evitados. Dois cenários podem surgir:

1. Se o risco tiver sido mitigado ou evitado, a empresa deve realizar uma devida diligência contínua proporcional ao risco.

2. Se o risco não tiver sido mitigado ou evitado, o processo de verificação deve identificar os motivos para isso, como a falta de uma estratégia eficaz de mitigação de riscos ou falta de tempestividade, de recursos ou de disposição para mitigar esses riscos. Uma nova avaliação dos riscos deverá ser realizada.

O processo de verificação deve:

- Garantir que a voz das mulheres seja representada adequadamente.

- Ser proporcional ao risco.

- Gerar recomendações para melhorar as práticas de devida diligência.

- Considerar as capacidades de várias empresas, pois esses processos podem ser onerosos. A devida diligência pode ser avaliada com mecanismos acessíveis para pequenas empresas, como iniciativas de conformidade social com base no local[79].

O processo de verificação pode incluir auditorias, investigações presenciais e consultas a autoridades governamentais, sociedade civil, membros da comunidade afetada e sindicados de trabalhadores em nível local, nacional e internacional. A independência e a qualidade das auditorias são fundamentais para a sua eficácia[80]. Os auditores devem ser independentes, competentes e responsáveis. As empresas podem considerar incorporar as auditorias em um mecanismo institucionalizado independente, que será responsável por certificar auditores, verificar auditorias, publicar relatórios de auditoria, implementar módulos para o desenvolvimento da capacidade dos fornecedores de realizar a devida diligência e ajudar a acompanhar as reclamações das partes interessadas.

Os processos de verificação complementares e que se reforçam mutuamente, baseados em padrões comuns e realizados em pontos específicos da cadeia de fornecimento, podem ajudar a evitar a exaustão da avaliação e aumentar a eficiência[81]. Por exemplo, os auditores podem reconhecer as conclusões das auditorias realizadas por terceiros independentes. As empresas podem querer focar em "gargalos", ou seja, pontos na cadeia de fornecimento nos quais um conjunto restrito de partes interessadas opera, em vez de avaliar todas as empresas da cadeia de fornecimento. Eles podem identificar esses gargalos ao considerar:

i) os pontos essenciais da transformação de materiais na cadeia de fornecimento, como processamento ou acondicionamento;

ii) o número de atores em um determinado ponto da cadeia de fornecimento: as auditorias podem focar em pontos da cadeia de fornecimento nos quais há relativamente poucos atores ativos ou nos quais a maioria dos produtos agroalimentares está agregada;

iii) os maiores pontos nos quais as empresas a jusante têm poder de influência;

iv) os pontos nos quais já existem sistemas e programas de auditoria para influenciar esses sistemas e evitar duplicações.

Por exemplo, um possível gargalo na cadeia de fornecimento de café na Etiópia pode ser a Bolsa de Commodities da Etiópia, na qual um número limitado de comerciantes vende o café produzido por diversos pequenos produtores (caso ii. acima). Em cadeias de fornecimento de café mais fragmentadas, os gargalos podem ser fábricas de processamento, atacadistas ou exportadores. O foco nesses gargalos não deve substituir um processo minucioso de devida diligência em toda a cadeia de fornecimento.

5. Etapa 5. Informar a respeito da devida diligência da cadeia de fornecimento.

As empresas devem informar publicamente as suas políticas e práticas de devida diligência na cadeia de fornecimento, considerando a confidencialidade comercial e outras questões concorrenciais. Elas devem fornecer às partes interessadas e aos parceiros comerciais afetados informações claras, precisas e tempestivas sobre os impactos adversos reais e potenciais identificados em avaliações de impacto e sobre as medidas tomadas para mitigar ou prevenir esses impactos. Os relatórios podem também incluir informações sobre os sistemas de gestão empresarial e os relatórios de verificação das práticas de devida diligência. Uma vez publicados, todas as partes interessadas relevantes devem ter acesso a eles.

Além de relatórios públicos e formais, a comunicação pode assumir várias formas, incluindo reuniões presenciais, diálogos virtuais e consultas às partes interessadas afetadas. A comunicação deve ser adequada aos impactos e ao público-alvo em termos de conteúdo, frequência, acessibilidade e adequação da informação fornecida.

Observações

[1] Embora a Constituição da Organização das Nações Unidas para a Alimentação e a Agricultura (FAO) inclua a pesca e a silvicultura na definição de agricultura, este Guia foca principalmente em colheitas e na pecuária.

[2] "Conduta Empresarial Responsável (CER)" significa que as empresas devem: a) contribuir positivamente para o progresso econômico, ambiental e social a fim de alcançar o desenvolvimento sustentável e b) evitar e lidar com os impactos adversos das suas próprias atividades e prevenir ou mitigar os impactos adversos diretamente ligados às suas operações ou aos seus produtos ou serviços por uma relação comercial.

[3] Ao longo deste Guia, os padrões referem-se a recomendações contidas em vários tipos de instrumentos, incluindo convenções, declarações, princípios e diretrizes.

[4] Conforme enfatizado no relatório de 2015 do Fórum Econômico Mundial "Além das cadeias de fornecimento - Capacitando cadeias de valor responsáveis", o cumprimento dos padrões de CER pode beneficiar as empresas à medida que as dinâmicas do mercado em constante mudança aumentam a importância dos esforços de sustentabilidade. Os clientes estão se tornando mais sensíveis à sustentabilidade. Os consumidores mais jovens, em particular, exigem produtos e práticas sustentáveis e estão dispostos a pagar mais por eles. Os recursos naturais cada vez mais escassos e o aumento dos preços das mercadorias fazem com que a eficiência dos recursos e a redução dos resíduos sejam variáveis fundamentais para que as empresas permaneçam rentáveis. O ambiente regulatório e as organizações não governamentais demandam uma maior transparência, o que impulsiona os custos de não conformidade e pode criar uma reação negativa do mercado.

[5] Consulte abaixo a definição de devida diligência para uma definição de "relações comerciais".

[6] Consulte uma descrição mais detalhada na seção "público-alvo".

[7] Recursos adicionais estão disponíveis em: http://mneguidelines.oecd.org/rbc-agriculture-supply-chains.htm e www.fao.org/economic/est/issues/investment/en.

[8] Consulte mais detalhes sobre a composição e o papel do Grupo Consultivo na elaboração deste Guia na subseção "Processo".

[9] Mais informações estão disponíveis em: http://mneguidelines.oecd.org/rbc-agriculture-supply-chains.htm.

[10] Embora as Diretrizes da OCDE não ofereçam uma definição precisa de empresas multinacionais (EMNs), elas indicam que as EMNs geralmente incluem empresas ou outras entidades estabelecidas em mais de um país (Diretrizes da OCDE, I.4). Os Princípios IRA-CSA destinam-se a "empresas comerciais, incluindo agricultores" (paras. 50-52).

[11] Os instrumentos de referência do Grupo Consultivo com diversas partes interessadas que definem seus objetivos, suas funções e a sua estrutura organizacional foram aprovados pelo Grupo de Trabalho da OCDE sobre Conduta Empresarial Responsável em junho de 2013 e pelo Grupo de Trabalho da OCDE sobre Políticas e Mercados do Setor Agrícola em julho de 2013.

[12] Para obter exemplos específicos, consulte: Projeto da cadeia de valor agroalimentar do Botswana: Estudo da FAO da cadeia de valor da carne bovina em 2013; Análise da cadeia de valor do sistema de comercialização direta ao consumidor do milho do Quênia pela Michigan State University em 2011; Análise da cadeia de valor do setor de caju em Gana pela GIZ em 2010; ou cadeias de valor dos óleos essenciais de Ruanda: Diagnóstico da UNIDO em 2012.

[13] A agricultura contratual envolve a produção realizada com base em um acordo entre o comprador e o produtor. Ela abrange muitos contratos e difere por tipo de contratado, tipo de produto,

intensidade da coordenação entre os agricultores e os investidores e o número de partes interessadas envolvidas. Para mais informações, ver www.fao.org/ag/ags/contract-farming/faq/en/#c100440.

[14] Para mais detalhes, consulte a Devida Diligência da OCDE para Cadeias de Fornecimento Responsáveis de Minerais de Áreas Afetadas por Conflitos e de Alto Risco, 2011.

[15] Com base nas Diretrizes da OCDE, II.15.

[16] Diretrizes da OCDE, II.A.10.

[17] Diretrizes da OCDE, II.16.

[18] Esses programas incluem, entre outros: Princípios e critérios para a produção sustentável de óleo de palma que certificam produtores, processadores ou comerciantes de óleo de palma, bem como fabricantes, varejistas, bancos e investidores envolvidos nas cadeias de fornecimento de óleo de palma; padrões da mesa redonda sobre biocombustíveis sustentáveis que certificam os operadores de biocombustíveis; Princípios e critérios para a produção responsável de soja que certificam produtores de soja e grupos de produtores de soja; Padrões da Iniciativa pela Melhor Açúcar de Cana (Bonsucro) para os produtores de cana-de-açúcar; e Princípios para o Investimento Responsável em Agricultura para proprietários e gestores de ativos institucionais. Plataformas de monitoramento, como o Sedex, também podem ajudar a monitorar o desempenho dos fornecedores.

[19] A Recomendação da OCDE sobre o Guia de Devida Diligência para Cadeias de Fornecimento Responsáveis de Minerais de Áreas Afetadas por Conflitos e de Alto Risco foi adotada pelo Conselho a nível ministerial em 25 de maio de 2011, sendo alterada em 17 de julho de 2012 para incluir uma referência ao Complemento sobre Ouro.

[20] O modelo de política empresarial não pretende substituir os padrões existentes. As empresas devem consultar diretamente cada um desses padrões antes de apresentar quaisquer alegações sobre o seu cumprimento. As referências aos padrões citados ao longo do documento são indicadas após a última referência e não após cada uma delas. O seu objetivo é ajudar as empresas a consultar o texto inicial dos padrões considerados neste Guia para obter mais detalhes sobre o conteúdo deles.

[21] Diretrizes da OCDE, II.10 e VI.3; Princípio IRA-CSA 10; VGGT 12.10; Princípios Orientadores das Nações Unidas sobre Empresas e Direitos Humanos, para. 17; CDB, Artigo 14; Diretrizes Akwé: Kon; Padrão de Desempenho 1 da IFC, paras. 5 e 8-10.

[22] Diretrizes da OCDE, III.1-3, VI.2.a e VIII.2; Princípios IRA-CSA 9.ii e 10; Princípios Orientadores das Nações Unidas sobre Empresas e Direitos Humanos, para. 21; Padrão de Desempenho 1 da IFC, para. 29; Convenção de Aarhus, Artigo 5. Ver Anexo A, itens 1.1 e 1.3 abaixo. As orientações específicas sobre informações relevantes que devem ser compartilhadas com as partes interessadas afetadas podem ser consultadas no Guia da OCDE sobre Devida Diligência para Envolvimento Significativo das Partes Interessadas no Setor Extrativo.

[23] Diretrizes da OCDE, VIII.2.

[24] Diretrizes da OCDE, II.14 e VI.2.b; Princípio IRA-CSA 9.iii-iv; VGGT, 9.9 e 12.11; Princípios Orientadores da ONU, para. 18; Princípios PIRA 1 e 4; Diretrizes Akwé: Diretrizes Kon, 11, 13-17 e 57; Padrão de Desempenho 1 da IFC, para. 26-27 e 30-33. Ver também Convenção nº 169 da OIT sobre Povos Indígenas e Tribais, 1989. Ver Anexo A, 1.2, abaixo. Outras orientações sobre engajamento com as partes interessadas podem ser consultadas no Guia da OCDE sobre Devida Diligência para Envolvimento Significativo das Partes Interessadas no Setor Extrativo.

[25] Ver Anexo B para mais orientações sobre o engajamento com povos indígenas e o consentimento livre, prévio e informado (CLPI).

[26] Conforme enfatizado na introdução, este Guia, que é um esforço conjunto da OCDE e da FAO, considera uma série de padrões diferentes das Diretrizes da OCDE, particularmente dos Princípios IRA-CSA, os quais incluem referências ao CLPI não incluídas nas Diretrizes da OCDE. Este parágrafo cita o Princípio IRA-CSA 9.iv. Ver também Padrão de Desempenho 7 da IFC, paras. 12-

[17]; Diretrizes Akwé: Kon, 29 e 60; VGGT, 3B.6, 9.9 e 12.7; Declaração da ONU sobre os Direitos dos Povos Indígenas, Artigos 10, 11 e 32; e Convenção nº 169 da OIT sobre Povos Indígenas e Tribais, Artigo 16.

[27] Diretrizes da OCDE, II.A.1; Princípio IRA-CSA 2.iv, v e vii; VGGT, 12.4; Diretrizes Akwé: Kon, 40.

[28] Princípios IRA-CSA 2.iv-vii e 7.i & iii; VGGT, 12.6; Princípios PIRA 5-6; Diretrizes Akwé: Kon, 46; Padrão de Desempenho 7 da IFC, paras. 14 e 17-20 e Padrão 8, para. 16. Ver também CDB, Artigo 8(j), do Protocolo de Nagoya, Artigos 5-7, TIRFAA, Artigo 9.2. Os benefícios podem ser monetários e não monetários: ver Anexo ao Protocolo de Nagoya. Ver também Anexo A, 1.4, para mais informações.

[29] Diretrizes da OCDE, IV, para. 46 e VIII.3; Princípio IRA-CSA 9.v; VGGT, 3.2, 12.14, 25.1 & 25.3; Princípio Orientador 31 da ONU; Princípio PIRA 1; Diretrizes Akwé: Kon, 63; Declaração sobre EMNs da OIT, 58-59; Padrão de Desempenho 1 da IFC, para. 35, e Padrão de Desempenho 5 da IFC, para. 11. Ver também Anexo A, 1.5. O Guia da OCDE sobre Devida Diligência para Envolvimento Significativo das Partes Interessadas no Setor Extrativo apresenta mais diretrizes sobre mecanismos de reclamação.

[30] Princípio IRA-CSA 3; Convenção das Nações Unidas sobre a Eliminação de Todas as Formas de Discriminação contra a Mulher (CEDAW).

[31] Para mais informações sobre direitos humanos reconhecidos internacionalmente, consulte as Diretrizes da OCDE, VI. 39.

[32] Diretrizes da OCDE, II.A.2 e IV; Princípios IRA-CSA 1, 9.iv e 10 e paras. 3, 19.i, 47.v, 50 e 51; Princípios Orientadores das Nações Unidas sobre Empresas e Direitos Humanos, para. 11. Ver Anexo A, 2.

[33] Diretrizes da OCDE, IV.1 e 2.

[34] Diretrizes da OCDE, IV.3; VGGT, 3.2; Princípio PIRA 1; Diretrizes Akwé: Kon, 57; Pacto Global da ONU, Princípios 1-2.

[35] Diretrizes da OCDE, IV.5; Princípio Orientador 17 da ONU;

[36] Diretrizes da OCDE, IV.6; Princípio Orientador 22 da ONU.

[37] Declaração Universal dos Direitos Humanos, Artigo 2; Princípio IRA-CSA 3.ii; Conforme enfatizado no Anexo A, as Diretrizes da OCDE (V.1.e) estabelecem que as empresas devem "orientar-se, ao longo das suas operações, pelo princípio da igualdade de oportunidades e de tratamento no emprego e não discriminar os seus trabalhadores no emprego ou na profissão em virtude de raça, cor, sexo, religião, opinião política, origem nacional ou social, ou outra situação". O comentário 54 especifica que o termo "outra situação", para os fins das Diretrizes, refere-se à atividade sindical e a características pessoais, como idade, deficiência, gravidez, estado civil, orientação sexual ou presença do vírus HIV.

[38] Diretrizes da OCDE, V.1-3; Princípio IRA-CSA 2.i-ii; Declaração sobre EMNs da OIT, para. 8; Princípios Orientadores das Nações Unidas sobre Empresas e Direitos Humanos, 12; Padrão de Desempenho 2 da IFC; Direitos da Criança e Princípios Empresariais 2. Todos os membros da OIT devem respeitar os padrões trabalhistas básicos que constituem os quatro princípios fundamentais da Declaração da OIT sobre os Princípios e Direitos Fundamentais no Trabalho, independentemente da convenção da OIT que tenham ratificado.

[39] Diretrizes da OCDE, V.4.b e V.4.c; Princípio IRA-CSA 2.iii; Declaração sobre EMNs da OIT, 37-40; Padrão de Desempenho 2 da IFC, paras. 10, 23, 25, 28-29; Direitos da Criança e Princípios Empresariais 3 e 4.

[40] Declaração sobre EMNs da OIT, 16 e 25-28. Para mais informações, ver anexo A, 3, sobre condições de trabalho decentes.

[41] Recomendação 198 da OIT, Artigo 7.a; Padrão de Desempenho 2 da IFC, para. 11;

[42] Princípio IRA-CSA 3.iv;

[43] Declaração Universal dos Direitos Humanos, Artigo 23.

[44] Diretrizes da OCDE, II. A.4; Declaração sobre EMNs da OIT, paras. 16 e 19; Princípio IRA-CSA 2.iii.

[45] Princípios IRA-CSA 2, iii e 4.ii; Declaração sobre EMNs da OIT, 30-32.

[46] Convenção de Proteção da Maternidade da OIT, 2000 (nº 183); Convenção das Nações Unidas sobre a Eliminação de Todas as Formas de Discriminação contra a Mulher, Artigo 11 (2).

[47] Princípio IRA-CSA 8.iv.

[48] Diretrizes da OCDE, VIII.1, 6-7; Princípios IRA-CSA 2.viii e 8.i, iii e iv; PIRA, 5.2.1.

[49] Diretrizes Akwé Kon, 50; Padrão de Desempenho 4 da IFC.

[50] Princípios 1 e 8.i IRA-CSA; VGGT 12.1, 12.4 e 12.12; Princípio PIRA 2.2. Ver Anexo A, 5. Os quatro elementos da segurança alimentar, ou seja, a disponibilidade de alimentos, a acessibilidade, a estabilidade e a utilização, foram refletidos no Plano de Ação da Cúpula Mundial da Alimentação de 1996, adotado por 112 Chefes ou Vice-Chefes de Estado e de Governo, que se comprometem a "implementar políticas destinadas a erradicar a pobreza e a desigualdade e a melhorar o acesso físico e econômico de todos, a todo momento, a alimentos suficientes, nutricionalmente adequados e seguros, assim como a sua utilização eficiente; e buscar políticas e práticas participativas e sustentáveis de desenvolvimento alimentar, agrícola, de pesca, florestal e rural, em zonas de alto e baixo potencial, as quais são fundamentais para assegurar uma provisão de alimentos adequada e segura a nível familiar, nacional, regional e global".

[51] As VGGT, 4.4, define os direitos legítimos de posse da terra da seguinte forma: "De acordo com os princípios de consulta e participação destas Diretrizes, os Estados devem definir, por meio de regras amplamente divulgadas, as categorias de direitos consideradas legítimas".

[52] VGGT, 2.4, 3.2, 9.1, 11.4 e 12.3; Princípios IRA-CSA 5 e 9.ii e para. 51; Princípios das Nações Unidas sobre Contratos Responsáveis anexados aos Princípios Orientadores das Nações Unidas sobre Empresas e Direitos Humanos e aprovados pelo Conselho de Direitos Humanos da ONU, Princípio 10.

[53] VGGT, 9.1, 12.4, 16.1 e 16.3; Padrão de Desempenho 5 da IFC, paras. 2 e 8 e Padrão 7, para. 15; Direitos da Criança e Princípios Empresariais 7. A expressão "compensação imediata, adequada e efetiva" é considerada no âmbito do direito internacional consuetudinário para o tipo de compensação devida para uma desapropriação legal. Ver Anexo A, 6. Observe que os padrões mencionados neste Guia estão alinhados aos compromissos de tolerância zero à apropriação da terra de quaisquer direitos legítimos de posse da terra assumidos recentemente pelas principais empresas de alimentos e bebidas.

[54] VGGT, 16.1 e 16.3; Princípio PIRA 6.2.1; Padrão de Desempenho 5 da IFC, paras. 9-10, 12, 19, 27-28 e Padrão de Desempenho 7, paras. 9 e 14. De acordo com o Padrão de Desempenho 7 da IFC, para. 14, devem ser concedidas compensações por terra em vez compensações em dinheiro, quando possível, e o acesso continuado aos recursos naturais, ou recursos substitutos equivalentes, devem ser assegurados. Como última opção, deve ser fornecida uma compensação em dinheiro e devem ser identificados meios de subsistência alternativos.

[55] Princípio IRA-CSA 8.ii. Ver Anexo A, 7.

[56] Princípios fundamentais desenvolvidos pela Organização Mundial para a Saúde Animal (OIE). Para mais informações, consulte as Cinco Liberdades do Conselho de Bem-Estar para os Animais de Produção em www.fawc.org.uk/freedoms.htm.

[57] Regulamentos da Inglaterra 2000 (S.I. 2000 nº 1870) e Regulamento 3(1) sobre o bem-estar dos animais de produção.

[58] Diretrizes da OCDE, VI.1; Princípio IRA-CSA 10; VGGT 4.3, 11.2, 12.6 e 12.10; Princípio PIRA 7; Padrão de Desempenho 1.1 da IFC.

[59] Uma lista de substâncias tóxicas pode ser encontrada em: lista de agrotóxicos perigosos da Organização Mundial da Saúde (OMS); classificação de pesticidas por tipo de perigo Ia (extremamente perigoso) ou Ib (altamente perigoso), recomendada pela OMS; Convenção de Estocolmo sobre Poluentes Orgânicos Persistentes (POPs) de 2004; Convenção de Roterdã sobre o procedimento de consentimento prévio informado para determinados produtos químicos e pesticidas perigosos no comércio internacional, de 2004; Convenção de Basileia sobre o controle de movimentos transfronteiriços de resíduos perigosos e o seu depósito, de 1992; Protocolo de Montreal sobre substâncias que destroem a camada de ozônio de 1999; e lista "Substitua Agora" (SIN) para pesticidas.

[60] Embora a maioria dos instrumentos aprovados por um processo intergovernamental refira-se à "eficiência na utilização dos recursos", o parágrafo 9 sobre o consumo da água no Padrão de Desempenho 3 da IFC vai mais longe, exigindo que as empresas "adotem medidas que evitem ou reduzam a utilização da água".

[61] O Padrão de Desempenho 6 da IFC, para. 20, define "área legalmente protegida" como uma área que se enquadra na definição da União Internacional para a Conservação da Natureza (UICN): "Um espaço geográfico claramente definido, reconhecido, com objetivo específico e gerido por meios eficazes, sejam jurídicos ou de outra natureza, para alcançar a conservação da natureza no longo prazo, com serviços ecossistêmicos e valores culturais associados". Isso inclui áreas nomeadas pelos governos para essa designação.

[62] Diretrizes da OCDE, VI.6; Princípios IRA-CSA 1.i e 6; Princípio PIRA 7; Padrões de Desempenho 3 e 6 da IFC; CDB; Convenção sobre o comércio internacional das espécies da flora e fauna selvagens ameaçadas de extinção CITES, de 1975. Ver também Anexo A, 8.

[63] Diretrizes da OCDE, II.A.5 e 7, II.A.15 e VII; Princípio IRA-CSA 9.i; VGGT, 6.9, 9.12 e 16.6; Princípio 10 do Pacto Global da ONU. Ver Anexo A, 9.1. Além disso, os Padrões Internacionais de Combate à Lavagem de Dinheiro e ao Financiamento do Terrorismo e da Proliferação desenvolvidos pelo Grupo de Ação Financeira e aprovados por 180 países em 2003 são relevantes para as instituições financeiras. Medidas preventivas, incluindo a devida diligência do cliente e a manutenção de registros, são particularmente importantes para o combate à corrupção.

[64] Diretrizes da OCDE, XI.1-2. Ver Anexo A, 9.2.

[65] Diretrizes da OCDE, X.2-3. Ver Anexo A, 9.3.

[66] Os Princípios de Governança Corporativa G20/OCDE são a referência internacional de governança corporativa para decisores políticos, investidores, sociedades e outras partes interessadas em todo o mundo. Eles foram adotados como um dos principais padrões do Conselho de Estabilidade Financeira (FSB) para sistemas financeiros sólidos e têm sido usados pelo Grupo Banco Mundial em mais de 60 avaliações por país ao redor do globo. Eles servem de base para as diretrizes sobre governança corporativa nos bancos emitidas pelo Comitê de Supervisão Bancária da Basileia. www.oecd.org/corporate/principles-corporate- governance.htm.

[67] Diretrizes da OCDE, IX; Princípio IRA-CSA 7, iv; Declaração sobre EMNs da OIT, 19; CDB, Artigo 16; Princípio 9 do Pacto Global da ONU.

[68] Padrão de Desempenho 6 da IFC, para. 26.

[69] Diretrizes da OCDE, IV, Comentário 44; Princípios Orientadores das Nações Unidas sobre Empresas e Direitos Humanos, para. 16.

[70] A Comissão do Codex Alimentarius define a rastreabilidade como a capacidade de acompanhar o movimento de um alimento em etapas específicas de produção, transformação e distribuição.

[71] A rastreabilidade de balanço de massa controla o volume exato do material avaliado e certificado que entra na cadeia de fornecimento. Um volume equivalente do produto que sai da cadeia de fornecimento pode ser vendido ou certificado. Pode-se misturar elementos certificados e não certificados. A rastreabilidade de segregação física identifica e rastreia materiais e produtos certificados na cadeia de fornecimento. Cadeia de custódia refere-se à documentação cronológica ou ao histórico que registra a sequência de apreensão, custódia, controle, transferência, análise e disposição do produto físico.

[72] Mais informações a esse respeito podem ser encontradas no Anexo A, 1.3.

[73] Para mais informações, consulte: Anexo A, Seção 1.5; IFC, 2009; e o Guia da OCDE sobre Devida Diligência para Envolvimento Significativo das Partes Interessadas no Setor Extrativo.

[74] Conforme detalhado no guia do IISD para negociação de contratos de investimento (IISD, 2014), as Avaliações de Impacto Ambiental (AIAs) tornaram-se uma prática estabelecida para projetos em diversos setores econômicos. Cerca de dois terços dos quase 110 países em desenvolvimento adotaram alguma forma de legislação em matéria de AIA em meados da década de 1990. As Avaliações de Impacto Social são menos comuns, mas têm se tornado, cada vez mais, parte do processo e da prática da AIA. Ainda faltam princípios geralmente aceitos para avaliações de impacto social, mas a Associação Internacional de Avaliação de Impacto publicou um conjunto consistente de diretrizes. Outras variantes incluem avaliações de sustentabilidade que integram perspectivas sociais, econômicas e ambientais ou avaliações de impactos cumulativos. A prática de realizar avaliações de impacto ambiental e social em conjunto tem crescido cada vez mais. As avaliações de impacto podem também incluir os impactos no bem-estar animal.

[75] Ferramentas de análise de risco, como aquelas desenvolvidas pelo Fundo Mundial para a Natureza (WWF), podem ajudar a identificar riscos. Elas incluem uma ferramenta de análise de risco de fornecimento (www.supplyrisk.org) e o filtro de risco hídrico (http://waterriskfilter.panda.org).

[76] Mais informações estão disponíveis no Anexo A, 2 e 6.

[77] Por exemplo, se o serviço financeiro for utilizado principalmente para estabelecer a propriedade, financiar ou apoiar o desempenho geral do cliente (por exemplo, empréstimos ou financiamentos corporativos gerais), ou apenas o seu desempenho específico (por exemplo, financiamentos para projetos), ele pode se enquadrar na abrangência do processo de devida diligência recomendado pelas Diretrizes da OCDE. No primeiro caso, espera-se que a instituição financeira reaja a todos os impactos adversos associados às atividades do cliente. No segundo caso, pode-se esperar apenas que ela reaja aos impactos das atividades que financia ou apoia.

[78] De acordo com o Escritório do Alto Comissário para Direitos Humanos da ONU em A Responsabilidade Corporativa de Respeitar os Direitos Humanos, Um Guia Interpretativo, um "remédio" não é apenas o processo de oferecer um remédio para um impacto adverso, mas também os resultados substantivos que podem neutralizar ou compensar o impacto adverso. Esses resultados podem assumir diversas formas, como um pedido de desculpas, restituição, reabilitação, compensação financeira ou não financeira e sanções punitivas (quer sejam penais ou administrativas, como multas), assim como a prevenção de danos por meio de, por exemplo, liminares ou garantias de que o impacto adverso não se repetirá

[79] O programa realizado pela Iniciativa pela Sustentabilidade da África do Sul (SIZA) oferece um bom exemplo de um programa local de conformidade social. Esse programa de comércio ético foi desenvolvido pela associação de produtores locais. Ele criou um conjunto unificador de padrões para os produtores de frutas da África do Sul, com base nas leis nacionais, no código e processo de auditoria e metodologia de referência do Programa Global de Conformidade Social e nas convenções da OIT. O principal varejista trabalha com as organizações locais para desenvolver capacidades. Ao capacitar as partes locais, o varejista busca garantir a sustentabilidade de seus investimentos no desempenho social de sua cadeia de fornecimento no setor agrícola na África do Sul.

[80] Após a catástrofe do Rana Plaza, o PCN francês enfatizou a importância de auditorias independentes de alta qualidade no Relatório do PCN sobre a Implementação das Diretrizes da OCDE no Setor Têxtil e de Vestuário após uma consulta de Nicole Bricq, Ministra do Comércio Exterior, Recomendação nº 6, nas páginas 57-58, de 2 de dezembro de 2013, www.tresor.economie.gouv.fr/File/398811.

[81] Por exemplo, a SGS desenvolveu um Programa Global de Conformidade Social para reduzir a fadiga da auditoria.

Referências

FAO (2014), *Innovation in Family Farming, The State of Food and Agriculture*, Food and Agriculture Organization, Rome.

FAO (2012), *Investing in Agriculture for a Better Future, The State of Food and Agriculture*, Food and Agriculture Organization, Rome.

IISD (2014), *Guide to Negotiating Investment Contracts for Farmland and Wate*r, International Institute for Sustainable Development, Manitoba.

OCDE/FAO (2015), *OECD-FAO Agricultural Outlook* 2015, OECD Publishing, Paris, http://dx.doi.org/10.1787/agr_outlook-2015-en

OCDE (2014), *Due Diligence in the Financial Sector: Adverse Impacts Directly Linked to Operations, Products or Services* by a Business Relationship http://mneguidelines.oecd.org/global-forum/GFRBC-2014-financial-sector-document- 1.pdf.

OCDE (2013), *OECD Due Diligence Guidance for Responsible Supply Chains of Minerals from Conflict-Affected and High-Risk Areas*: Second Edition, OECD Publishing, Paris, http://dx.doi.org/10.1787/9789264185050-en.

Anexo A. Medidas de mitigação e prevenção dos riscos ao longo das cadeias de fornecimento no setor agrícola

Este Anexo identifica os riscos de impactos adversos que podem surgir ao longo das cadeias de fornecimento no setor agrícola e propõe medidas para mitigar e prevenir esses impactos, com base nos mesmos padrões do modelo de política empresarial. As medidas propostas podem reforçar-se mutuamente. Por exemplo, o respeito aos direitos trabalhistas, incluindo pela oferta de salários e condições de trabalho decentes, pode apoiar o acesso a alimentos adequados e ajudar a alcançar um alto nível de saúde física e mental. A implementação das medidas propostas deve ser adaptada à posição e ao tipo de envolvimento de cada empresa na cadeia de fornecimento, ao contexto e à localização das suas operações e ao seu porte e à sua capacidade.

1. Padrões transversais de CER

1.1 Transparência

Riscos

A falta de transparência pode resultar em desconfiança e impedir que as empresas resolvam problemas menores antes que eles se tornem grandes conflitos, enquanto o compartilhamento máximo das informações pode reduzir os custos de transação para todas as partes interessadas (FAO, 2010). A menos que as informações sejam fornecidas de forma adequada em termos linguísticos e culturais, sejam mensuráveis, verificáveis e tempestivas, inclusive por meio de reuniões regulares para consulta e de meios de comunicação social em geral, as empresas correm o risco de não serem totalmente compreendidas pelas partes interessadas potencialmente afetadas, ou de essas informações não alcançarem todas as partes relevantes (IFC, 2012). Na ausência de leis claras e aplicáveis em matéria de transparência e divulgação, uma devida diligência aprimorada é necessária (OCDE, 2006).

Medidas para mitigar os riscos

- **Fornecer informações oportunas e** precisas ao público, sem prejudicar a posição competitiva ou os deveres para com os proprietários reais da empresa, sobre:
  - a finalidade, a natureza e a escala das operações;
  - contratos e/ou acordos de locação e seus termos;
  - atividades, estrutura, propriedade e governança da empresa; situação financeira e desempenho da empresa;
  - políticas e processos de implementação de CER, incluindo o processo de engajamento das partes interessadas e a disponibilidade de mecanismos de reclamação e reparação;
  - avaliações de impactos em matéria ambiental, social e de direitos humanos (AIASDHs), incluindo fatores de risco previsíveis, como potenciais impactos ambientais, sociais, de direitos humanos e de saúde e segurança das operações da

empresa em várias partes interessadas, bem como em águas, locais ou terrenos sagrados tradicionalmente usados ou ocupados por povos indígenas e comunidades locais;

– planos de gestão ambiental, social e de direitos humanos e características dos produtos[1].

- **Difundir a informação** por todos os meios de notificação adequados (impressão, meios eletrônicos e redes sociais, incluindo jornais, rádio, televisão, correio, reuniões locais, etc.), considerando a situação de comunidades remotas ou isoladas e aquelas não alfabetizadas em grande parte, e garantindo que essas notificações e consultas ocorram nos idiomas das comunidades afetadas[2].

- Em caso de ameaça iminente para a saúde humana ou para o meio ambiente, **compartilhar imediatamente** todas as informações que permitam às autoridades e ao público tomar medidas para prevenir ou mitigar os danos decorrentes da ameaça[3].

- **Adaptar as políticas de transparência** à natureza, ao porte e à localização das operações, considerando os custos, a confidencialidade comercial e outras preocupações concorrenciais[4].

1.2 Consultas

Riscos

A falta de consultas às partes interessadas sujeitas a serem afetadas pelas operações impede que as empresas avaliem de forma realista a viabilidade do projeto e identifiquem medidas de resposta eficazes e específicas para o contexto. Consultas inclusivas e totalmente transparentes podem reduzir os custos de transação e a oposição e criar confiança entre as partes interessadas.

Medidas para mitigar os riscos

- Desenvolver e implementar um **plano de engajamento** de partes interessadas adaptado aos riscos, impactos e à etapa de desenvolvimento das operações e às características e interesses das comunidades afetadas. Se aplicável, o plano deve incluir medidas diferenciadas para permitir a participação efetiva das pessoas identificadas como desfavorecidas ou vulneráveis[5].

- Realizar **consultas** prévias, contínuas, de boa-fé, eficazes e significativas **às comunidades potencialmente afetadas**, respeitando os padrões internacionais citados no Anexo B. Essas consultas também devem ser realizadas em caso de quaisquer mudanças nas operações[6].

- Organizar processos de consulta e tomada de decisões **sem intimidação**, em um ambiente de confiança, antes que as decisões sejam tomadas, bem como responder às contribuições considerando os desequilíbrios de poder existentes entre as diferentes partes[7].

- Sempre que necessário, buscar fornecer **assistência técnica e jurídica** às comunidades afetadas para que elas participem no desenvolvimento de projetos sem discriminação, junto a instituições representativas das comunidades afetadas e em cooperação com elas.

- **Considerar, de forma plena e justa, os pontos de vista expressos** durante as consultas, permitindo tempo suficiente entre a notificação e a consulta pública sobre as operações propostas para que as comunidades afetadas possam preparar as suas respostas e comunicando-as sobre como suas preocupações foram levadas em consideração.

- **Documentar e implementar acordos** resultantes de consultas, principalmente pelo estabelecimento de um processo através do qual as opiniões e preocupações da comunidade possam ser devidamente registradas. Embora declarações escritas sejam preferíveis, os pontos de vista dos membros da comunidade também podem ser gravados em vídeo ou áudio, ou de qualquer outro modo adequado, sempre de acordo com o consentimento das comunidades[8].

- Na medida do possível, verificar se os **representantes da comunidade** representam, de fato, os pontos de vista das partes interessadas e se eles podem ser invocados para comunicar fielmente os resultados das consultas aos seus participantes.

- Ao realizar **avaliações de impacto**, estabelecer mecanismos para a participação das comunidades, incluindo grupos vulneráveis, na concepção e condução dessas avaliações, identificar atores responsáveis pela responsabilidade, reparação, seguro e compensação e estabelecer um processo de revisão e recurso[9].

1.3 Avaliação de impacto

Riscos

As empresas podem evitar os impactos adversos reais e potenciais das suas operações, processos, bens e serviços, ou, se forem inevitáveis, podem mitigá-los, pela avaliação contínua dos riscos desses impactos ao longo do seu ciclo de vida. Essas avaliações permitem que as empresas desenvolvam uma abordagem abrangente e prospectiva da gestão dos riscos, incluindo os decorrentes das operações dos seus parceiros comerciais[10].

Medidas para mitigar os riscos

- Incluir as seguintes etapas em uma avaliação de impacto:

1. Triagem, ou seja, determinar quais as propostas que devem ser incluídas na avaliação de impacto, a fim de excluir as que provavelmente não terão impactos adversos, e indicar o nível de avaliação necessário.

2. Definição de escopo, ou seja, definir o foco da avaliação de impacto e os principais pontos a serem avaliados.

3. Análise de impacto.

4. Identificação das medidas de mitigação, incluindo, conforme apropriado às circunstâncias: não prosseguir com as operações; encontrar alternativas para evitar impactos adversos; incorporar proteções na concepção das operações; ou fornecer compensação monetária e/ou não monetária por impactos adversos.

- Abordar, conforme apropriado, os seguintes impactos prováveis (pode ser relevante abordar não apenas os impactos adversos, mas também os impactos positivos, a fim de aprimorá-los) ao realizar uma avaliação de impacto em matéria ambiental, social e de direitos humanos (AIASDH):

- impactos ambientais, como impactos no solo, na água, no ar, nas florestas e na biodiversidade[11];

- impactos sociais que possam afetar o bem-estar, a vitalidade e a viabilidade das comunidades afetadas, incluindo a qualidade de vida, medida em termos de distribuição de renda, integridade física e social e proteção dos indivíduos e das comunidades, níveis e oportunidades de emprego, saúde e bem-estar, educação e disponibilidade e padrões de habitação e alojamento, infraestrutura, serviços;

- impactos nos direitos humanos que possam afetar, por exemplo, o exercício dos direitos econômicos, sociais, culturais, civis e políticos das comunidades afetadas;

- impactos no patrimônio cultural, no modo de vida, nos valores, nas crenças, nos idiomas, nos costumes, na economia, nas relações com o ambiente local e com as espécies específicas, na organização social e nas tradições das comunidades afetadas;

- impactos nas mulheres, considerando seu papel como fornecedoras de alimentos, guardiãs da biodiversidade e titulares de conhecimentos tradicionais[12];

- impactos no bem-estar animal.

- Convidar as **comunidades afetadas** a se envolverem na realização da avaliação de impacto, solicitar informações a elas e dar feedback regularmente sobre todas as etapas da avaliação de impacto[13].

- Avaliar os riscos e os impactos no contexto da **área de influência do projeto** se ele envolver elementos, aspectos e instalações físicos que possam causar impactos[14].

1.4 Partilha de benefícios

Riscos

Para evitar o risco de criar oposição local e reduzir os custos de transação, as empresas devem explorar formas de maximizar os impactos positivos das suas operações nas comunidades locais. O envolvimento em consultas sobre os benefícios de suas operações com várias partes interessadas pode construir confiança, ajudar a garantir a aceitação local e criar alianças de longo prazo entre as partes, evitando conflitos. Garantir que as operações beneficiem essas partes interessadas também pode facilitar a identificação de locais aceitáveis para as operações e pode se basear no conhecimento local para garantir o uso otimizado do potencial agroecológico (FAO, 2010; ONU, 2009).

A partilha de benefícios é separada (e pode ser um adicional) da compensação por impactos adversos inevitáveis; ela visa a construir uma parceria entre a empresa e os povos indígenas ou comunidades locais em reconhecimento da contribuição deles para as operações. Em circunstâncias específicas, os povos indígenas ou as comunidades locais podem ter o direito de receber parte dos benefícios decorrentes das operações, se as empresas utilizarem as suas terras, os seus recursos ou conhecimentos[15]. Esses benefícios podem ser monetários ou não monetários[16], conforme acordado entre a empresa e a comunidade relevante como parte do processo de consulta. A decisão sobre os tipos de benefícios pode ser informada pelas AIASDHs[17].

No entanto, também existem riscos associados à partilha de benefícios. As empresas podem enfrentar riscos de conflito com os povos indígenas se, após a negociação dos acordos de partilha de benefícios, não houver de fato essa partilha com toda a comunidade, e os benefícios são capturados por um grupo específico de partes interessadas. A partilha de benefícios pode ser acordada com algumas, mas não todas, as comunidades relevantes, resultando na exclusão de algumas comunidades. Esses riscos podem ser mitigados por meio de um envolvimento significativo das partes interessadas no processo de devida diligência.

Medidas para mitigar os riscos

- Esforçar-se em **identificar oportunidades** para o desenvolvimento de benefícios, tais como: a criação de vínculos locais a montante e a jusante e de postos de trabalho locais em ambientes de trabalho seguros; a diversificação das oportunidades geradoras de rendimentos; o desenvolvimento de capacidades; as compras locais; a transferência de tecnologia; a melhoria das infraestruturas locais; o melhor acesso ao crédito e aos mercados, principalmente para empresas de pequeno e médio porte; a remuneração de serviços ambientais; a distribuição de renda; ou a criação de fundos fiduciários[18].

- Garantir que as operações estejam **alinhadas às prioridades de desenvolvimento** e aos objetivos sociais do governo anfitrião[19].

- Compartilhar os **benefícios monetários e não monetários** resultantes de operações envolvendo as terras, os recursos e o conhecimento dos povos indígenas, com base no processo de consulta e nas AIASDHs, de forma que não beneficiem injustamente grupos específicos, mas sim fomentem o desenvolvimento social equitativo e sustentável[20].

1.5 Mecanismos de reclamação

Riscos

Mecanismos de reclamação de nível operacional projetados como sistemas de alerta prévio para conscientização de riscos oferecem uma forma local, simplificada e mutuamente benéfica para a resolução de problemas entre empresas e comunidades afetadas, inclusive titulares de direitos de posse da terra, ajudando a resolver pequenos litígios de maneira rápida, barata e justa, antes que eles sejam submetidos a mecanismos formais de resolução de conflitos, incluindo tribunais (IFC, 2009). Eles oferecem às empresas um feedback valioso ao servirem como um sistema de alerta prévio para problemas potencialmente maiores; ao captarem a compreensão daqueles que identificam oportunidades de melhoria nas operações ou nos sistemas de gestão da empresa; e ao indicarem possíveis mudanças sistêmicas com fins de garantir que problemas específicos não se repitam (CAO, 2008).

Medidas para mitigar os riscos

- **Dimensionar** o mecanismo de reclamação de acordo com os riscos e impactos adversos das operações com o objetivo de resolver os problemas rapidamente, utilizando um processo consultivo compreensível, transparente, culturalmente apropriado e facilmente acessível, sem retaliação à parte que apresentou o problema ou a preocupação[21].

- **Engajar as partes interessadas afetadas** sobre o projeto e o desempenho do mecanismo para garantir que: ele atenda às necessidades das partes interessadas; elas o usem na prática; e exista um interesse comum em garantir o seu sucesso[22].

- Evitar usar os mecanismos de reclamação estabelecidos pelas empresas para **impedir o acesso** a mecanismos de reclamação judiciais ou não judiciais, incluindo os PCNs no escopo das Diretrizes da OCDE, ou para prejudicar o papel dos sindicatos na resolução de disputas trabalhistas[23].

Além disso, os critérios de eficácia dos mecanismos de reclamação não judiciais descritos nos Princípios Orientadores das Nações Unidas sobre Empresas e Direitos Humanos (Princípio 31) oferecem um ponto importante de referência: para serem eficazes, os mecanismos de reclamação não judiciais, estatais ou não, devem seguir os critérios descritos na Tabela A 0.1.

Tabela A 0.1. Características dos mecanismos de reclamação eficazes

Table Column Heading (Alt+O)	
Legítimos	Suscitar a confiança dos grupos interessados aos quais estão destinados e responder pelo justo desempenho dos processos de reclamação.
Acessíveis	Ser conhecidos por todos os grupos interessados aos quais estão destinados, e prestar a devida assistência aos que possam ter dificuldades para acessá-los.
Equitativos	Buscar assegurar que as partes prejudicadas tenham acesso razoável a fontes de informação, assessoramento e conhecimentos especializados necessários para engajarem-se em um processo de reclamação em termos justos, informados e respeitosos.
Previsíveis	Dispor de um procedimento definido e conhecido, com prazo indicativo para cada etapa, e esclarecimento sobre os tipos de processos e resultados disponíveis, assim como os meios para monitorar a sua implementação.
Transparentes	Manter as partes de uma reclamação informadas sobre sua evolução e fornecer informação suficiente sobre o desempenho do mecanismo para criar confiança em sua eficácia e salvaguardar o interesse público que esteja em jogo.
Compatíveis com os direitos	Assegurar que os resultados e as reparações estejam em conformidade com os direitos humanos internacionalmente reconhecidos.
Uma fonte de aprendizagem contínua	Identificar experiências relevantes a fim de melhorar o mecanismo e prevenir novas reclamações e violações.
Baseados no engajamento e no diálogo	Consultar grupos interessados para os quais esses mecanismos são destinados, sobre sua concepção e desempenho, com especial atenção ao diálogo como meio para tratar as reclamações e resolvê-las.

Fonte: Princípios Orientadores das Nações Unidas sobre Empresas e Direitos Humanos, Princípio 31.

2. Direitos humanos

2.1 Riscos

As empresas correm o risco de não respeitar os direitos humanos, quando causam ou contribuem para impactos adversos nos direitos humanos no contexto de suas próprias atividades e não conseguem lidar com esses impactos quando ocorrem. Elas devem prevenir ou mitigar impactos adversos nos direitos humanos diretamente vinculados às suas operações comerciais, produtos ou serviços por meio de relações comerciais[24]. A responsabilidade corporativa de respeitar os direitos humanos existe independentemente das habilidades e/ou disposição dos Estados em cumprir suas obrigações de direitos humanos e não diminui essas obrigações[25]. Se as leis nacionais não forem suficientemente desenvolvidas ou aplicadas, as empresas devem usar a devida diligência reforçada para identificar e abordar o risco de impactos adversos nos direitos humanos.

Deve-se levar em consideração a interdependência de todos os direitos humanos, incluindo os direitos econômicos, sociais, culturais, civis e políticos,. As empresas devem revisar regularmente as suas responsabilidades para com os direitos humanos, a fim de compreender, de forma qualitativa, se não estão respeitando esses direitos, incluindo aqueles não especificamente mencionados neste Guia.

Medidas para mitigar os riscos

- Identificar titulares de direitos possivelmente afetados pelas operações da empresa e de seus parceiros comerciais. Em geral, isso inclui a realização de uma análise aprofundada das operações e relações reais ou potenciais da empresa e, em seguida, uma avaliação qualitativa dessas operações com base nos padrões de direitos humanos, a fim de identificar os atores cujos direitos possam ser afetados. É necessário realizar consultas proativas com as partes interessadas relevantes para compreender plenamente todos os impactos adversos potenciais das operações e relações da empresa[26].

- Realizar a devida diligência em matéria de direitos humanos, avaliando impactos reais e potenciais nesses direitos[27], integrando os resultados e atuando de acordo com eles, acompanhando as respostas e comunicando sobre como esses impactos são enfrentados. A devida diligência em matéria de direitos humanos é um exercício contínuo, uma vez que os riscos sobre os direitos humanos podem mudar com o tempo à medida que as operações e o contexto operacional evoluem[28].

- Garantir que todas as partes interessadas envolvidas sejam tratadas de forma justa, principalmente grupos vulneráveis, como as mulheres, os jovens, e as minorias, reconhecendo-se suas respectivas situações, restrições e necessidades[29].

- Reconhecer o papel essencial desempenhado pelas mulheres na agricultura e tomar as medidas apropriadas para eliminar a discriminação contra a mulher e ajudar a garantir o seu desenvolvimento e avanço profissionais plenos[30], inclusive pela facilitação da igualdade de acesso e controle sobre recursos naturais, insumos, ferramentas de produção, serviços de consultoria e financeiros, formação, mercados e informações[31].

3. Direitos trabalhistas

3.1 Riscos

As empresas podem trazer benefícios significativos às sociedades e aos países anfitriões ao contribuir para o bem-estar econômico e social por meio da melhoria do padrão de vida e da criação de oportunidades de emprego atraentes, e ao facilitar o gozo dos direitos humanos e dos direitos trabalhistas. Além de garantir padrões trabalhistas fundamentais para os seus próprios trabalhadores, elas podem ajudar a melhorar as condições de trabalho dos trabalhadores informais, incluindo os que trabalham nas explorações agrícolas de subsistência.

Os Estados-Partes do Pacto Internacional sobre os Direitos Econômicos, Sociais e Culturais (PIDESC) reconhecem os direitos de todas as pessoas de gozar de condições de trabalho justas e favoráveis (Artigo 7) e de fundar sindicatos (Artigo 8). O Pacto Internacional sobre Direitos Civis e Políticos (PIDCP) protege igualmente o direito de fundação de sindicatos e filiação a eles. As convenções internacionais sobre o trabalho[32] também abordam direitos trabalhistas.33 Embora os tratados de direitos humanos, como o PIDESC e o PIDCP, sejam dirigidos aos Estados, as empresas podem impactar negativamente o gozo dos direitos descritos nesses tratados. Assim, elas desempenham um papel importante em apoiar a efetivação progressiva desses direitos. O respeito aos direitos trabalhistas descritos nessas convenções, incluindo as oito convenções fundamentais da OIT, pode ajudar as empresas a minimizar os impactos negativos e a maximizar os impactos positivos. Por exemplo, o estabelecimento de um diálogo genuíno com representantes dos trabalhadores escolhidos livremente por estes permite que tanto trabalhadores quanto empregadores compreendam melhor os respectivos desafios e encontrem formas de resolvê-los (OIT, 2006).

No entanto, o respeito aos direitos trabalhistas no setor agrícola pode ser um desafio, uma vez que tanto o emprego independente quanto o assalariado é, muitas vezes, informal, e muitos trabalhadores agrícolas são excluídos da abrangência das leis trabalhistas (ONU, 2009). 60% das crianças trabalhadoras com idades entre 5 e 17 anos trabalham no setor agrícola (OIT, 2011a). As condições de trabalho e de vida dos trabalhadores de plantações também têm gerado preocupação contínua, principalmente no que diz respeito a testes forçados de gravidez, servidão por dívida e riscos para a saúde associados ao uso indevido e generalizado de pesticidas (ONU, 2009).

Grupos marginalizados, tais como mulheres, jovens e trabalhadores indígenas e migrantes, bem como trabalhadores contratados de forma temporária, sazonal ou por volume de trabalho e trabalhadores informais, frequentemente enfrentam condições de trabalho abusivas ou insalubres (ONU, 2009). A situação das mulheres inclui riscos específicos: nos países em desenvolvimento, 43% da mão de obra agrícola é composta por mulheres, mas a agroindústria costuma classificar as tarefas realizadas por mulheres como não qualificadas, empregar mulheres para tarefas manuais intensas, pagar a elas salários menores do que os dos homens e oferecer menos oportunidades de avanço (OIT, 2011b).

As violações dos direitos trabalhistas fundamentais podem criar tensões sociais desordeiras que podem afetar o desempenho da empresa. Uma empresa que utiliza práticas discriminatórias de contratação e emprego limita o seu acesso a talentos provenientes de um conjunto mais vasto de competências e habilidades. O sentimento de injustiça e o ressentimento gerado pela discriminação têm grandes chances de afetar o desempenho dos trabalhadores (OIT, 2008).

3.2 Medidas para mitigar os riscos[33]

3.3 Proteção dos trabalhadores

- Conduzir as operações com base no **princípio de igualdade de oportunidades e de tratamento no trabalho** e não discriminar os trabalhadores em seus cargos ou funções em virtude de raça, cor, orientação sexual ou identidade de gênero, religião, opinião política, origem nacional ou social, ou outro status, a menos que a seletividade das características dos trabalhadores promova políticas governamentais estabelecidas que estimulem especificamente maior igualdade de oportunidade de emprego ou sejam relacionadas às exigências inerentes de um emprego; usar as qualificações, as habilidades e a experiência como base para o recrutamento, a colocação, a formação e o avanço dos trabalhadores em todos os níveis[34].

- Respeitar a **idade mínima** de admissão ao emprego ou ao trabalho, a fim de assegurar a abolição efetiva do trabalho infantil[35].

- Abster-se de empregar ou de beneficiar-se do **trabalho forçado**, que consiste em qualquer trabalho ou serviço não realizado voluntariamente e que seja exigido de uma pessoa sob ameaça de força ou punição.

- **Monitorar** continuamente a cadeia de fornecimento primária, a fim de identificar quaisquer mudanças significativas ou novos riscos ou incidentes de trabalho infantil e/ou forçado, e trabalhar com os fornecedores primários para tomar medidas corretivas e remediar esses riscos[36].

3.4 Condições de trabalho decentes

- Cumprir **padrões de emprego** e de relações trabalhistas não menos favoráveis do que aqueles cumpridos por empregadores semelhantes. Se não existirem empregadores semelhantes no país de atuação da empresa, fornecer os melhores salários, benefícios e condições de trabalho possíveis no âmbito das políticas governamentais. Eles devem ser ao menos suficientes para atender às necessidades básicas dos trabalhadores e de suas famílias[37].

- Esforçar-se para assegurar um **emprego estável** aos trabalhadores e cumprir as obrigações negociadas livremente em matéria de estabilidade de emprego e de segurança social[38].

- Ao considerar mudanças nas operações que tenham efeitos importantes no emprego, fornecer um **aviso prévio razoável sobre essas mudanças** aos representantes dos trabalhadores e, quando for o caso, informar as autoridades governamentais competentes e cooperar com estas a fim de mitigar ao máximo quaisquer efeitos adversos[39].

3.5 Representação dos trabalhadores e acordos coletivos

- Reconhecer a importância de um **ambiente de compreensão e confiança mútua** que seja favorável as aspirações dos trabalhadores[40].

- Reconhecer que os trabalhadores, sem qualquer discriminação, têm o direito de **fundar e filiar-se às organizações** que escolherem, sem necessidade de autorização prévia.

- Estabelecer sistemas de **consulta e cooperação** regulares entre empregadores e trabalhadores e seus representantes sobre questões de interesse mútuo, bem como com as autoridades competentes, a fim de assegurar a adesão às políticas nacionais de desenvolvimento social.

- Estabelecer sistemas visando a fornecer **informações** de forma regular aos trabalhadores e aos seus representantes, a fim de apoiar negociações significativas sobre as condições de emprego e permitir que eles obtenham uma visão justa e real do desempenho da empresa[41].

- Abster-se de tomar **medidas discriminatórias ou disciplinares** contra os trabalhadores que façam denúncias de boa-fé à administração ou, conforme for o caso, às autoridades públicas competentes sobre práticas que violem a lei, as Diretrizes da OCDE, ou as políticas da empresa.

- Não ameaçar **transferir** a totalidade ou parte de uma unidade operacional do país em questão ou transferir trabalhadores de unidades de outros países, a fim de influenciar injustamente as negociações com os representantes dos trabalhadores ou dificultar o exercício, pelos trabalhadores, do seu direito de organização.

- Não retaliar, interferir contra ou discriminar os **representantes dos trabalhadores**[42].

- Permitir que os representantes dos trabalhadores autorizados negociem **sobreacordos coletivos ou relações de gestão do trabalho.**

- Incluir nos acordos coletivos disposições para a **resolução de litígios** decorrentes da sua interpretação e aplicação e para garantir direitos e responsabilidades mutuamente respeitados[43].

3.6 Emprego local

Na medida do possível e sem discriminação, empregar trabalhadores locais, inclusive para cargos de gestão, e oferecer treinamento para melhorar os níveis de qualificação, em cooperação com os representantes dos trabalhadores e, quando apropriado, com as autoridades governamentais competentes[44].

3.7 Treinamento

- Assegurar que a **capacitação relevante** seja fornecida aos trabalhadores de todos os níveis, a fim de atender às necessidades das operações e, quando apropriado, em cooperação com as autoridades governamentais competentes e as organizações patronais e de trabalhadores relevantes. Esse treinamento deve, na medida do possível, desenvolver competências úteis de modo geral e promover oportunidades de carreira.

- Quando operam em países em desenvolvimento, participar de programas fomentados pelos governos e apoiados por organizações patronais e de trabalhadores que visam a incentivar a **formação** e o desenvolvimento **de competências** e fornecer orientação vocacional[45].

- Fornecer programas adequados de formação, educação e mentoreamento para que os **jovens** aumentem a sua capacidade e/ou acesso ao trabalho digno e empreendedorismo, e promover o acesso das mulheres à formação[46].

- Sempre que possível, **disponibilizar os serviços de pessoal qualificado** para ajudar em programas de formação organizados pelos governos, como parte de uma contribuição para o desenvolvimento nacional[47].

4. Saúde e segurança

4.1 Riscos

As atividades no setor agrícola muitas vezes envolvem algumas das atividades mais perigosas para os trabalhadores e muitos trabalhadores agrícolas sofrem acidentes de trabalho e padecem de doenças profissionais. A exposição ao mau tempo, o contato próximo com animais ou plantas perigosos, o uso intensivo de substâncias químicas, as posturas de trabalho difíceis e longas horas, e o uso de ferramentas e máquinas perigosas são fatores que provocam problemas de saúde (IIPPA, 2006). Por exemplo, o número estimado de intoxicações por pesticidas varia entre 2 e 5 milhões por ano, das quais 40.000 são fatais (OIT, 2005 e 2011b). As mudanças no uso da terra, a perda de zonas naturais de amortecimento, tais como zonas úmidas, manguezais, e florestas de montanha, as quais mitigam os efeitos de perigos naturais (inundações, deslizamentos e incêndios), ou a diminuição ou degradação dos recursos naturais, incluindo a redução da qualidade, quantidade e disponibilidade de água potável, podem resultar em maior vulnerabilidade e impactos sobre à segurança da comunidade (IFC, 2012).

A saúde humana pode ser colocada em risco caso haja níveis inseguros de riscos biológicos, químicos ou físicos presentes nos alimentos. Esses riscos têm origem no ambiente (por exemplo, metais tóxicos, dioxinas e toxinas naturais), nas práticas agrícolas (por exemplo, resíduos de medicamentos veterinários e pesticidas), ou na má manipulação dos produtos (por exemplo, fungos patogênicos). Os riscos físicos incluem sujeira, pragas, pelos ou plástico. Tais riscos podem ser prevenidos pelos sistemas de gestão da segurança alimentar, incluindo um sistema completo de controle "da fazenda ao garfo", os quais incorporam medidas de biossegurança e o uso de água potável.

A saúde humana está também estreitamente ligada à saúde animal. O conceito de "Saúde Única" baseia-se na tomada de consciência das grandes oportunidades que existem para proteger a saúde pública por meio de políticas com vista a prevenção e o controle de patógenos nas populações animais, e na interação entre seres humanos, animais e o meio ambiente. Esse conceito foi aprovado por vários governos e acarretou medidas destinadas a prevenir doenças que afetam tanto pessoas como animais e a garantir o uso responsável de antibióticos para ambos[48]. Dos patógenos que causam doenças infecciosas em seres humanos, 60% são de origem animal. Essas doenças, conhecidas como "zoonoses", podem ser transmitidas por animais domésticos ou selvagens. As doenças animais transmissíveis para os seres humanos representam um risco para a saúde pública em todo o mundo. Uma solução eficaz e econômica para proteger as pessoas é combater todos os patógenos zoonóticos através do seu controle na fonte animal.

O PIDESC prevê a efetivação progressiva do direito de todas as pessoas de gozar do nível mais elevado possível de saúde física e mental (Artigo 12). O Comitê dos Direitos Econômicos, Sociais e Culturais[49] interpreta esse direito como "um direito inclusivo que se estende não só aos cuidados de saúde oportunos e adequados, mas também aos determinantes subjacentes da saúde, como o acesso à água potável segura e ao saneamento básico, o abastecimento adequado de alimentos seguros, a nutrição e habitação, condições profissionais e ambientais saudáveis, e o acesso à educação e à informação relacionadas à saúde". O Comitê afirma que "o direito à saúde, tal como todos os direitos humanos, impõe três tipos ou níveis de obrigações aos Estados Partes: as obrigações de respeitar, proteger e cumprir. Esta última, por sua vez, engloba as obrigações de facilitar, fornecer e promover[50].

Embora os tratados de direitos humanos, como o PIDESC, sejam destinados aos Estados, as empresas podem prejudicar a efetivação progressiva do direito de gozar do mais elevado nível possível de saúde física e mental ou comprometer as ações do EstadoParte que têm o intuito de efetivá-lo progressivamente Assim, elas desempenham um papel importante no apoio ao exercício progressivo desse direito. Além dos riscos diretos à saúde descritos acima, as operações agrícolas e os sistemas alimentares podem afetar a saúde das pessoas de forma mais indireta.

4.2 Medidas para mitigar os riscos[51]

- Avaliar os **riscos e impactos** para a saúde e a segurança das comunidades afetadas durante as operações.

- Estabelecer **medidas preventivas e de controle** consistentes com as boas práticas da indústria internacional[52] e compatíveis com a natureza e a magnitude dos riscos e impactos identificados, procurando evitá-los e, se não for possível, minimizá-los.

- Evitar ou minimizar a exposição dos trabalhadores, de terceiros e da comunidade a **materiais e substâncias perigosas** que possam ser liberadas pelas operações, inclusive modificando, substituindo ou eliminando a condição ou o material causador dos perigos potenciais e esforçando-se para controlar a segurança das entregas, do transporte e do descarte de materiais e resíduos perigosos.

- Evitar ou minimizar o potencial de exposição da comunidade a **doenças** transmitidas pela água, de veiculação hídrica, relacionadas à água, transmitidas por vetores e transmissíveis que possam resultar das operações, considerando a exposição diferenciada e a maior sensibilidade dos grupos vulneráveis.

- Auxiliar e colaborar com as comunidades afetadas, órgãos governamentais locais e outras partes relevantes em sua preparação para responder de maneira eficaz a **situações de emergência**, especialmente se a participação e colaboração delas forem necessárias para responder a essas situações de emergência[53].

- Considerar cumprir **padrões** internacionais de **segurança alimentar**, como o Codex Alimentarius[54], e padrões globais para a saúde animal, como os padrões da OIE[55].

- Promover a rastreabilidade a fim de garantir a segurança alimentar, mas também para facilitar a gestão social e ambiental e aumentar a confiança[56].

5. Segurança alimentar e nutrição

5.1 Riscos

De acordo com o PIDESC (Artigo 11), uma boa alimentação faz parte do direito a um padrão de vida adequado[57]. Os Estados Partes do PIDESC comprometem-se a tomar as medidas necessárias para efetivar progressivamente o direito a um padrão de vida adequado, incluindo a uma boa alimentação. O PIDESC reconhece também o direito fundamental de todos de estarem livres da fome. Reconhecendo esse direito, os Estados Partes devem considerar tomar as medidas necessárias para melhorar os métodos de produção, conservação e distribuição de alimentos, levando em conta os problemas enfrentados tanto pelos países importadores como pelos países exportadores de alimentos. O Comitê dos Direitos Econômicos, Sociais e Culturais interpretou que esses direitos são efetivados "quando todos os homens, mulheres e crianças, sozinhos ou em comunidade com outros, tiverem acesso físico e econômico a uma alimentação adequada a todo momento ou meios para adquiri-la". Ele afirma que "o direito a uma alimentação adequada, como qualquer outro direito humano, impõe três tipos ou níveis de obrigações aos Estados Partes: as obrigações de respeitar, proteger e cumprir" e que "como parte das suas obrigações de proteger a base de recursos para a alimentação das pessoas, os Estados Partes devem tomar as medidas adequadas para assegurar que as atividades do setor empresarial privado e da sociedade civil estejam em conformidade com o direito à alimentação[58]".

As "Diretrizes Voluntárias da FAO para apoiar a efetivação progressiva do direito a uma alimentação adequada no contexto da segurança alimentar nacional" apresentam orientações para os governos na efetivação desse direito, que pode incluir a promoção da disponibilidade de alimentos em quantidade e qualidade suficientes para satisfazer as necessidades alimentares dos indivíduos, bem como a acessibilidade física e econômica a alimentos adequados, livres de substâncias inseguras e aceitáveis em uma determinada cultura, ou aos meios para adquiri-los. As Diretrizes incentivam os governos a adotarem medidas para garantir que todos os alimentos, sejam estes de produção local ou importados, de livre disposição ou de venda no mercado, sejam inócuos e conformes com as normas nacionais sobre inocuidade dos alimentos. Elas também sugerem que os governos deveriam estabelecer sistemas amplos e racionais de fiscalização dos alimentos que reduzam os riscos de transmissão de doenças pelos alimentos realizando análises de riscos e utilizando mecanismos de supervisão, a fim de garantir a inocuidade em toda a cadeia alimentar, incluindo as rações animais .

Apesar de as Diretrizes Voluntárias da FAO serem dirigidas aos Estados, as empresas têm um papel importante que desempenhar. Os investimentos no setor agrícola cresceram após um aumento nos preços dos alimentos em 2008, em resposta, principalmente, a uma crescente demanda por comida; estima-se que a produção global de alimentos terá de aumentar 60% até 2050, a fim de satisfazer a demanda prevista. Embora esses investimentos mantenham a promessa de aumentar a produção, reduzir a pobreza, e promover o desenvolvimento econômico, eles também podem prejudicar o acesso aos alimentos de várias maneiras. Um dos impactos adversos mais proeminentes pode advir da aquisição de grandes áreas de terra e, no processo, causar o deslocamento das comunidades que estavam nessas áreas ou dificultar o seu acesso (FAO, 2010).

5.2 Medidas para mitigar os riscos

- Na medida do possível, **considerar os impactos das operações** sobre a disponibilidade e o acesso aos alimentos, o emprego local, as preferências alimentares e a estabilidade do abastecimento alimentar, inclusive por meio do engajamento dos governos locais e de outras partes interessadas relevantes.

- Quando apropriado, **identificar as preocupações relacionadas a alimentos** das diferentes partes interessadas e avaliar as estratégias para atingir os objetivos de investimento, respeitando as preocupações alimentícias das diferentes partes interessadas relevantes, por meio de consultas a elas.

- Na medida do possível, **adaptar a concepção de projetos** para responder às preocupações sobre impactos negativos na segurança alimentar e na nutrição, por exemplo, ao: considerar investimentos alternativos viáveis, caso os investimentos propostos resultem no deslocamento físico e/ou econômico de comunidades locais; recuperar áreas degradadas ou escolher terras que não tenham sido anteriormente utilizadas para a agricultura e que não sejam ecologicamente sensíveis; ou melhorar a produtividade agrícola por meio de intensificação sustentável, a fim de contribuir para a segurança alimentar e a nutrição.

- Na medida do possível, **considerar contribuir** para a melhoria do acesso aos alimentos e da resiliência e nutrição[59] das populações locais ao: aumentar a produção de alimentos seguros, nutritivos e variados e promover o valor nutricional dos alimentos e produtos agrícolas; facilitar o acesso a insumos, tecnologias e mercados; gerar emprego em atividades a jusante; ou criar instalações de armazenamento comunitário para reduzir as perdas pós-colheita e a volatilidade dos preços[60].

6. **Direitos de posse da terra e acesso aos recursos naturais**

6.1 Riscos

O risco de questões sobre a posse da terra, que surge quando várias reivindicações de terras se sobrepõem, representa um risco estatisticamente significativo nos investimentos de concessão realizados em economias emergentes (Projeto Munden, 2013). De fato, entre os 39 investimentos do agronegócio de grande escala analisados pelo Banco Mundial e UNCTAD, a posse da terra foi identificada como a causa mais comum de reclamações das comunidades afetadas, principalmente devido às disputas sobre terras das quais as comunidades tinham direitos informais de uso e à falta de transparência, particularmente em relação às condições e ao processo de aquisição de terras (BM, 2014). Em 2013, a metade das preocupações levantadas em cartas de reclamações recebidas pelo Escritório do Assessor em Observância/Mediador (CAO)[61] da IFC e da MIGA eram relacionadas a terras. Além disso, desde 2000, quase um quarto de todos os casos atendidos pelo CAO inclui um aspecto territorial e hídrico. O aumento da pressão sobre esses recursos gera preocupações sobre o seu acesso, quantidade e gestão, e tanto a terra como a água estão muitas vezes ligadas a um sentimento de cultura e identidade. Nas reclamações relacionadas a terras recebidas pelo CAO, predominam aquelas sobre aquisição de terras (22%), compensação (33%), e reassentamento (32%) (CAO, 2013).

A indústria de alimentos e bebidas está atrás apenas da indústria extrativa no que concerne a recepção de acusações de organizações da sociedade civil por não considerarem devidamente os direitos relacionados ao acesso a terra e à água (EC, 2011)[62]. A terra não deve ser considerada apenas como um activo produtivo. Suas funções ambientais e socioculturais também devem ser reconhecidas; a terra pode ser fonte de vários serviços ecossistêmicos, incluindo de água potável e de irrigação, bem como exercer o papel de rede de segurança e ser um tipo de seguro de aposentadoria para os agricultores. A terra também pode desempenhar um papel importante nas práticas sociais, culturais ou religiosas dos povos indígenas e das comunidades locais.

Embora a responsabilidade de proteger os direitos de posse da terra seja principalmente dos Estados, as empresas devem assumir que os ordenamentos jurídicos podem nem sempre ser adequados. De fato, estima-se que 70% das propriedades rurais nos países em desenvolvimento não estejam registradas formalmente (ONU-HABITAT, 2015; McDermott et al., 2015). Assim, as empresas devem proativamente garantir que respeitam os direitos legítimos de posse da terra. Em particular, os seguintes riscos devem ser considerados:

- Os riscos surgem quando as leis nacionais não refletem a extensão total dos direitos legítimos de posse da terra ou quando essas leis não são implementadas de forma eficaz. Por exemplo, os sistemas nacionais de titulação e registro fundiários podem ser inadequados, ao não proteger os direitos de posse da terra daqueles que a usam, principalmente das mulheres, e ao fornecer às empresas informações incompletas sobre reivindicações de terra relevantes. Os direitos de posse da terra podem ser dificultados ainda mais se a terra for utilizada apenas sazonalmente e parecer que não é utilizada, por exemplo, se tiver sido abandonada por pessoas deslocadas internamente ou se for utilizada para pastagem, forragem ou agricultura itinerante. Assim, as empresas podem acabar excluindo das consultas determinados titulares de direitos (estatutários ou consuetudinários, primários ou secundários, grupos formais ou informais, ou indivíduos) que podem ser prejudicados pelas suas atividades (OCDE, 2011).

- Os riscos podem aumentar se os Estados não estabelecem regras claras e transparentes para consultas entre as empresas e as partes interessadas, ou salvaguardas para proteger os direitos de posse da terra existentes contra riscos decorrentes de transações de grande porte sobre esses direitos. Em especial, as empresas podem expor-se a riscos se as regras nacionais não forem aplicadas ou não forem suficientes para: (i) assegurar o envolvimento adequado, de boa-fé e de forma culturalmente apropriada, dos titulares dos direitos de posse da terra, e (ii) identificar as modalidades nas quais a terra e outros recursos naturais serão transferidos e utilizados, inclusive pela realização de avaliações de impacto prévias e posteriores independentes e participativas s, e/ou identificar as modalidades para obter reparação (ONU, 2009). A falta de inclusividade nas consultas sobre aquisição de terras pode causar tensões e, possivelmente, conflitos entre as empresas e as comunidades, as quais podem se sentir excluídas do processo e contestar os direitos das empresas (FAO, 2013).

- Embora os governos assumem a principal responsabilidade de fornecer uma compensação rápida, adequada e efetiva aos antigos titulares de direitos legítimos de posse da terra ao expropriar determinadas áreas, as empresas têm a responsabilidade de garantir que suas operações não resultem no reassentamento de comunidades locais sem consultas significativas nem no seu despejo forçado sem compensação adequada. De acordo com as VGGT, os Estados só devem realizar expropriações quando a aquisição de direitos de terra forem necessários para fins públicos e devem definir claramente o conceito da finalidade pública na lei, a fim de permitir a revisão judicial. No entanto, em muitos países em desenvolvimento, a definição pouco clara e/ou ampla de finalidade pública, a falta de planos de uso do solo, os altos níveis de corrupção na gestão da terra e a especulação fundiária resultam em expropriações ilegais. Esse tipo de expropriação pode causar a perda dos meios de subsistência das comunidades locais, ou um acesso mais limitado à terra e a outros recursos naturais fundamentais, resultando em privação nutricional, polarização social, aumento da pobreza ou instabilidade política[63]. Assim, pode impedir o acesso a uma alimentação adequada. A expropriação ilegal também pode infringir os direitos dos povos indígenas previstos na Declaração da ONU sobre os Direitos dos Povos Indígenas. A reputação e as operações das empresas podem ser prejudicadas se estiverem vinculadas a uma expropriação para a qual o governo não tenha realizado consultas adequadas às comunidades locais, ou obtido o consentimento livre, prévio e informado dos povos indígenas, e não tenha fornecido devida compensação. Esse contexto aumenta os riscos de tensões e conflitos entre empresas e comunidades que se sintam excluídas ou tratadas injustamente (FAO, 2013). Nesses casos, as empresas devem considerar opções para retirar-se das operações previstas.

O nível dos riscos em questões sobre a posse da terra depende do tipo de investimento. Para investimentos novos, deve ser realizada uma devida diligência extensiva a fim de garantir que as comunidades não tenham sido expropriadas para fins privados e sem uma compensação justa e rápida. No caso de investimentos já existentes, joint ventures e fusões e aquisições, os operadores anteriores podem ter recebido direitos de posse da terra e as disputas sobre a posse da terra podem ter sido herdadas. Consequentemente, a devida diligência deve assegurar que a aquisição desses direitos respeite os padrões estabelecidos neste Guia, sobretudo porque as VGGT só foram aprovadas em 2012. Investir em projetos existentes oferece às empresas a oportunidade de garantir que os direitos de posse da terra tenham sido devidamente adquiridos e, caso contrário, de encontrar maneiras de compensar as partes interessadas afetadas e reengajar-se com as comunidades locais a fim de explorar novos modelos de parcerias.

6.2 Medidas para mitigar os riscos

- **Identificar os titulares de direitos** – que incluem não apenas aqueles oficialmente reconhecidos, mas também titulares de direitos públicos, privados, comuns, coletivos, indígenas e consuetudinários que podem não ter sido oficialmente registrados e titulados, incluindo os direitos de posse da terra de mulheres) – e outras partes interessadas relevantes, inclusive por meio de consultas locais e públicas[64].

- **Criar um comitê** representativo das partes interessadas relevantes para aconselhá-las sobre as avaliações de impacto, especialmente nas fases iniciais (rastreio e definição de escopo), e sobre os planos de gestão, monitoramento e contingência. Uma atenção especial deve ser dada à garantia de uma representação adequada dos povos indígenas, das comunidades locais e dos grupos marginalizados[65].

- Considerar investimentos alternativos viáveis, caso os investimentos propostos resultem em **deslocamento físico e/ou econômico** de comunidades locais, reconhecendo que os Estados só devem realizar expropriações quando a aquisição dos direitos à terra, à pesca ou à floresta for necessária para fins públicos e devem definir claramente o conceito da finalidade pública na lei[66].

- Se os titulares de direitos de posse forem prejudicados pelas operações, trabalhar com o governo para garantir que eles recebam uma **compensação** justa, rápida e adequada pelos direitos prejudicados pelas operações ao:

  - realizar consultas de boa-fé, eficazes e significativas sobre a compensação oferecida e assegurar uma implementação consistente e transparente dos padrões de compensação

  - dar preferência à compensação através de novos títulos de terras que sejam proporcionais em termos de qualidade, dimensão e valor. Senão, fornecer uma compensação equivalente ao custo total de substituição dos ativos perdidos, incluindo outros ativos além das terras (colheitas, recursos hídricos, infraestruturas de irrigação e melhorias feitas nos terrenos), e dar assistência para ajudar os titulares de direitos a melhorar ou restaurar seu padrão de vida ou os meios de subsistência.

  - acompanhar a implementação da aplicação do regime de compensação[67].

- Se a capacidade do governo for limitada, desempenhar um papel ativo no planejamento, implementação e acompanhamento do reassentamento[68].

7. Bem-estar animal

7.1 Riscos

Riscos significativos para o bem-estar animal podem surgir nas cadeias de fornecimento do setor agrícola. Elas podem estar associadas a espaços limitados em baias individuais que restringem o movimento dos animais, altas densidades de estocagem em grupos que aumentam o potencial de transmissão de doenças e contato injurioso entre animais, ambientes monótonos/imutáveis que causam problemas comportamentais, dietas que não saciam a fome, procedimentos zootécnicos prejudiciais que causam dor e técnicas de reprodução que aumentam os distúrbios anatômicos ou metabólicos. Além disso, recomendações inadequadas de criadores experientes e qualificados podem aumentar esses riscos (IFC, 2014).

Implementar melhorias para o bem-estar animal pode fazer sentido para os negócios. As doenças são um bom exemplo de uma ameaça conjunta ao bem-estar animal e à sustentabilidade das empresas. A OIE estima que a morbidade e a mortalidade por doenças animais provocam a perda de no mínimo 20% da produção pecuária em todo o mundo, o que representa pelo menos 60 milhões de toneladas de carne e 150 milhões de toneladas de leite, o que corresponde a cerca de US$ 300 bilhões por ano. Além disso, a afluência em muitas partes do mundo aumentou as escolhas dos consumidores e as expectativas em relação aos padrões de produção alimentar. Pesquisas na Europa e na América do Norte concluíram que a maioria dos consumidores se preocupa com o bem-estar animal e relata uma vontade de pagar significativamente a mais por produtos de origem animal que percebem como oriundos de uma criação humanizada (IFC, 2014).

São raras as referências ao bem-estar animal nos padrões e princípios internacionais. Os princípios orientadores mais abrangentes foram desenvolvidos pela Organização Mundial para a Saúde Animal (OIE). Em 2008, os membros da OIE adotaram uma definição de bem-estar animal, a fim de esclarecer a nível internacional o que esse termo significa de fato[69]. O bem-estar animal pode ser comprometido em explorações agrícolas de qualquer porte, quando as condições e/ou a gestão forem inadequadas (RSPCA, 2014).

Os nove padrões da OIE abordam desafios específicos em matéria de bem-estar, incluindo o transporte e o abate dos animais, os sistemas de produção de carne bovina e de aves, o controle das populações de cães de rua e o uso de animais na investigação. Esses padrões baseiam-se em provas científicas e os princípios fundamentais para o bem-estar animal são conhecidos como as "Cinco Liberdades": estar livre de fome, sede e desnutrição; livre de desconforto físico e térmico; livre de dor, lesão e doença; livre de medo e angústia; e livre para expressar seus padrões naturais de comportamento[70]. O Departamento de Meio Ambiente, Alimentação e Assuntos Rurais do Reino Unido (DEFRA) oferece um exemplo de boas práticas ao estabelecer essas cinco liberdades. Conforme enfatizado no prefácio do código de recomendações do DEFRA para o bem-estar dos animais de criação, as empresas envolvidas na produção animal devem comprovar: planejamento e gestão cuidadosos e responsáveis; práticas de criação animal qualificada, experiente e consciente; concepção ambiental apropriada; manejo, transporte e abate por técnicas que minimizem o sofrimento dos animais atencioso (DEFRA, 2003).

Além dos padrões da OIE, a União Europeia (UE) adotou um conjunto detalhado de legislação sobre o bem-estar animal, e o Artigo 13 do Tratado sobre o Funcionamento da União Europeia reconhece os animais como "seres sencientes[71]". Embora a maioria das regras da UE em matéria de bem-estar animal se aplique apenas aos produtores da UE, outros países que desejem exportar carne para a UE são obrigados a estabelecer padrões equivalentes aos padrões da UE em matéria de bem-estar no momento do abate. Além disso, a UE busca harmonizar os padrões internacionais em matéria de bem-estar animal por meio de acordos comerciais internacionais. Padrões e sistemas de certificação adicionais sobre bem-estar animal foram também desenvolvidos por empresas privadas, governos e organizações da sociedade civil[72].

7.2 Medidas para mitigar os riscos

- Avaliar os impactos reais e potenciais no bem-estar animal com base nas **"Cinco Liberdades"**.

- Garantir que o ambiente físico permita o descanso confortável, um espaço para que os animais se movimentem de maneira segura e confortável, incluindo mudanças normais de postura, e a oportunidade de agir segundo o seu comportamento natural.

Assegurar que os animais tenham **acesso a alimentos e água suficientes**, adaptados à sua idade e necessidades, de modo a manter sua saúde e produtividade habituais e prevenir a fome, sede, desnutrição ou desidratação prolongadas.

- Se os **procedimentos dolorosos** não puderem ser evitados, gerenciar a dor resultante da melhor forma que os métodos disponíveis possibilitarem.

- Garantir que o **manejo dos animais** promova uma relação positiva entre eles e os seres humanos e não cause lesões, pânico, medo duradouro ou estresse desnecessário.

- Utilizar **raças pecuárias** adequadas ao ambiente e às circunstâncias para que possam ser criadas sem doenças de produção e outros problemas intrínsecos[73].

8. Proteção ambiental e uso sustentável dos recursos naturais

8.1 Riscos

As atividades no setor agrícola podem implementar práticas ecológicas capazes de melhorar os serviços ecossistêmicos, particularmenteatravés do emprego de técnicas de gestão de terras que conservam o solo e a umidade, protegem as bacias hidrográficas, restauram a vegetação e o habitat e preservam a biodiversidade. No entanto, os investimentos no setor agrícola destinados a aumentar a produção no curto prazo também podem levar à degradação dos ecossistemas no longo prazo, incluindo a degradação dos solos, o esgotamento dos recursos hídricos e a perda das florestas primárias e da biodiversidade. Estima-se que de 55% a 80% da perda mundial de florestas seja resultado da sua conversão de terras para uso agrícola (PNUMA, 2015). Os problemas mais comuns identificados nos 39 investimentos analisados pelo Banco Mundial e pela UNCTAD em 2014 eram relacionados ao uso de agrotóxicos, tais como a contaminação da água, a dispersão de produtos químicos e a pulverização aérea. Além disso, as atividades agrícolas podem gerar impactos externos, incluindo as emissões de gases de efeito estufa, os impactos nas bacias hidrográficas ou o desmatamento, que permanecem diretamente vinculados às operações, mesmo que ocorram longe do local delas (FAO, 2010).

Impactos ambientais adversos podem ser resultado da falta de uma avaliação de impacto ambiental apropriada antes do investimento e da ausência de um sistema eficaz de gestão ambiental durante a sua implementação (FAO, 2011). A qualidade, a exaustividade e o acesso público dessas avaliações têm sido constante objeto de críticas aos investimentos de larga escala (FAO, 2010). Os riscos são maiores quando a evidência científica não for suficiente para avaliar plenamente os impactos adversos. Os riscos para as empresas também evoluem rapidamente à medida que avançam as normas internacionais sobre o uso e a reciclagem eficientes dos recursos, a redução das emissões, a substituição ou a redução do uso de substâncias tóxicas e a preservação da biodiversidade (OCDE, 2011; IFC, 2012).

8.2 Medidas para mitigar os riscos

- Estabelecer e manter um **sistema de gestão ambiental** adequado às características da empresa, inclusive por meio de: recolhimento e avaliação de informações adequadas e tempestivas sobre os impactos das suas atividades no meio ambiente, na saúde e na segurança; estabelecimento de objetivos mensuráveis e, quando for o caso, de metas para melhoria do desempenho ambiental e do uso dos recursos, principalmente por meio do desenvolvimento de um plano integrado de gestão de pragas e/ou fertilizantes[74]; e monitoramento e verificação regulares do progresso dos objetivos e metas relativos ao meio ambiente, à saúde e à segurança[75].

- Estabelecer procedimentos para **monitorar** e medir a eficácia do sistema de gestão ambiental. Sempre que o governo ou um terceiro for responsável por gerenciar determinados riscos e impactos ambientais, bem como as medidas de mitigação associadas, colaborar com eles a fim de definir quais serão as medidas de mitigação e monitorá-las. Quando for o caso, considerar a possibilidade de participação dos representantes das comunidades afetadas nas atividades de monitoramento[76].

- **Tratar** os impactos previsíveis no meio ambiente, na saúde e na segurança associados aos processos, às mercadorias e aos serviços da empresa ao longo de todo o seu ciclo de vida, a fim de evita-los ou, se forem inevitáveis, mitigá-los. Se as atividades propostas puderem ter um impacto significativo no meio ambiente, na saúde ou na segurança, e se forem objeto de uma decisão de uma autoridade competente, preparar uma avaliação de impacto ambiental adequada[77].

- Se houver um risco de dano ao meio ambiente, evitar referências à **falta de evidência científica** como motivo para adiar a tomada de medidas práticas e eficazes em termos de custos para prevenir ou minimizar esse dano ede maneira consistente com o entendimento científico e técnico dos riscos, considerando-se eventuais riscos à saúde e à segurança humana[78].

- Manter **planos de contingência** para prevenir, mitigar e controlar danos graves ao meio ambiente e à saúde causados pelas operações, incluindo acidentes e emergências, e, quando for o caso, ajudar e colaborar com as comunidades potencialmente afetadas e os órgãos governamentais locais, a fim de responder de maneira eficaz às situações de emergência, inclusive com a criação de mecanismos de comunicação imediata às autoridades competentes.

- Considerando-se as preocupações sobre custos, confidencialidade comercial e proteção dos direitos de propriedade intelectual, fornecer ao público e aos trabalhadores **informações** adequadas, mensuráveis e tempestivas sobre os potenciais impactos ao meio ambiente, à saúde e à segurança causados pelas atividades da empresa, e comprometer-se em comunicar e consultar de forma adequada e tempestiva as comunidades diretamente afetadas pelas políticas ambientais, de saúde e de segurança da empresa e pela sua respectiva implementação[79].

- Buscar evitar impactos negativos na e apoiar a preservação da **biodiversidade, dos recursos genéticos e dos serviços ecossistêmicos** e, se não for possível evitá-los, implementar medidas para minimizá-los e restaurar a biodiversidade e os serviços ecossistêmicos por meio de uma abordagem de gestão adaptativa[80].

- Selecionar o sistema de produção mais adequado, em colaboração com o governo, quando necessário for, com o intuito de aumentar a **eficiência da utilização dos recursos** ao mesmo tempo em que preserva a sua disponibilidade futura[81]. Dentre outros, os esforços devem, particularmente:

  – Melhorar a **conservação da água**, o tratamento de águas residuais e a eficiência do uso da água e investir e usar tecnologias para atingir tal objetivo[82].

  – Melhorar a gestão de **insumos e produtos agrícolas**, a fim de aumentar a eficiência da produção e minimizar as ameaças para o meio ambiente e para a saúde vegetal, animal e humana[83].

  – Reduzir o **desperdício e as perdas** na produção e nas operações pós-colheita e aumentar a utilização produtiva de resíduos e/ou subprodutos[84].

  – Implementar medidas técnica e financeiramente viáveis e rentáveis para melhorar a eficiência no **consumo de energia**[85].

  – Tomar medidas, conforme for o caso, para reduzir e/ou eliminar as **emissões de gases de efeito estufa**[86].

9. Governança

9.1 Corrupção

Riscos

Quando o governo não tiver em vigor leis claras e corretamente aplicadas sobre transparência e anticorrupção, os riscos relacionados à governança para as empresas serão maiores (OCDE, 2006). Quando se trata de serviços públicos, os órgãos governamentais que supervisionam o setor fundiário estão entre as entidades públicas mais afetadas pelo suborno, ficando atrás apenas da polícia e do setor judiciário (TI, 2011). As empresas podem precisar oferecer vantagens indevidas para obter acesso a grandes áreas de terra em detrimento das comunidades locais titulares de direitos tradicionais sobre as terras. A corrupção também pode afetar a alocação de créditos subsidiados pelo governo, quando, para a concessão destes, taxas desnecessárias são cobradas por funcionários do governo. A corrupção também pode aumentar o preço dos insumos agrícolas, uma vez que as empresas envolvidas podem vender seus produtos a órgãos do governo a um preço elevado e fornecer uma parte do lucro aos funcionários públicos.

As alegações de corrupção reduzem os benefícios dos investimentos agrícolas ou impedem que eles sejam obtidos, ao aumentar o custo do acesso aos recursos, minimizar as sinergias com o desenvolvimento atual e futuro de infraestruturas e aumentar o potencial de conflitos (FAO, 2010). Elas podem prejudicar a confiança que as comunidades locais depositam na empresa, confiança essa que é essencial para o desenvolvimento de relações positivas no longo prazo.

Medidas para mitigar os riscos

- Evitar solicitar ou aceitar isenções não previstas no ordenamento jurídico ou regulatório relacionadas a direitos humanos, meio ambiente, saúde, segurança, trabalho, tributação ou outras questões.

- Evitar, direta ou indiretamente (por meio de terceiros), oferecer, prometer, subornar ou exigir suborno ou outra vantagem indevida aos funcionários públicos, aos trabalhadores de parceiros comerciais ou aos seus familiares ou associados de negócios, com o intuito de obter ou conservar negócios ou outra vantagem indevida.

- Desenvolver e adotar controles internos, programas de ética e de conformidade ou medidas adequadas para prevenir e detectar suborno.

- Proibir ou desencorajar, nos programas e medidas de controle, ética e conformidade da empresa, a realização de pequenos pagamentos de facilitação, que são, em geral, ilegais nos países onde são efetuados e, se e quando esses pagamentos forem feitos, registrá-los com precisão nos livros e registros financeiros.

- Assegurar uma devida diligência documentada relativa à contratação de agentes, a sua supervisão adequada e regular e garantir que a sua remuneração seja adequada e apenas para serviços legítimos.

- Abster-se de qualquer envolvimento indevido em atividades políticas locais[87].

- Utilizar valores avaliados objetivamente, processos e serviços transparentes e descentralizados, bem como o direito de recorrer, para prevenir a corrupção relativa aos direitos de posse da terra, em particular os direitos tradicionais de posse da terra dos povos indígenas e das comunidades locais[88].

- Apoiar os esforços dos governos para implementar a **Convenção da OCDE** sobre o Combate ao Suborno de Funcionários Públicos Estrangeiros nas Transações Comerciais Internacionais (Convenção Antissuborno da OCDE)[89].

9.2 Tributação

Riscos

As empresas podem contribuir para o desenvolvimento econômico dos países anfitriões mediante o pagamento pontual de suas obrigações fiscais. A governança e o conformidade tributária dos seus sistemas de gestão de riscos podem garantir que os riscos financeiros, regulatórios e de reputação relativos à tributação sejam plenamente identificados e avaliados (OCDE, 2011). Conforme demonstrado nas recentes campanhas voltadas às grandes empresas, a evasão fiscal pode aumentar os riscos contra a sua reputação.

Medidas para mitigar os riscos

- Fornecer às autoridades **informações tempestivas** que sejam relevantes ou exigidas por lei para calcular corretamente os impostos a serem aplicados às operações.

- Sujeitar as práticas de **preços de transferência** aos princípios comerciais.

- Adotar **estratégias de gestão de riscos** para garantir a identificação e avaliação completa dos riscos financeiros, regulatórios e de reputação associados à tributação[90].

9.3 Concorrência

Riscos

As práticas anticoncorrenciais podem não apenas prejudicar os consumidores, mas também enfraquecer o poder de negociação dos pequenos agricultores, caso o poder de excessivo do comprador não seja controlado, o que afetaria, assim, a segurança alimentar e a nutrição

(ONU, 2009). Do mesmo modo, o dumping fiscal praticado por grandes empresas que vendem um produto escasso em um mercado competitivo pode forçar os concorrentes, incluindo as pequenas e médias empresas, a deixarem o mercado. Nos países onde as leis e os regulamentos concorrenciais não são suficientemente desenvolvidos ou aplicados, as empresas correm o risco de infringir padrões concorrenciais, se não exercerem cuidados gerenciais de alto nível, abstendo-se de práticas que constituam um exercício indevido do poder do comprador, como a redução retroativa dos preços sem notificação razoável ou a imposição ao fornecedor de pagamentos injustificados devido a reclamações dos consumidores (OCDE, 2006).

Medidas para mitigar os riscos

- Evitar celebrar ou executar acordos **anticoncorrenciais** entre concorrentes.

- **Cooperar com as autoridades de investigação em temas de concorrência**, de acordo com as leis aplicáveis e a proteções adequadas, tanto fornecendo , na medida do possível, respostas rápidas e tempestivas às solicitações de informação, como considerando dispor de instrumentos tais como a declaração de renúncia à confidencialidade, a fim de promover uma cooperação eficaz e eficiente entre as autoridades de investigação[91].

10. Tecnologia e inovação

10.1 Riscos

A promoção e o compartilhamento de tecnologias podem contribuir para a criação de um ambiente que apoie o exercício dos direitos humanos e melhore a proteção ambiental. No entanto, estudos empíricos sugerem que a transferência efetiva de tecnologia no setor agrícola raramente é igual ao nível anunciado pelas empresas (UNCTAD, 2009).

Em relação ao material genético e ao conhecimento tradicional dos povos indígenas, comunidades locais e agricultores, os Estados Partes da CDB, do Tratado Internacional sobre os Recursos Fitogenéticos para a Alimentação e a Agricultura e do Protocolo de Nagoya sobre Acesso e Repartição de Benefícios da CDB estão sujeitos a obrigações relacionadas ao acesso aos recursos genéticos e aos conhecimentos tradicionais associados. As empresas podem colaborar com os governos para apoiá-los no cumprimento dessas obrigações internacionais ou, pelo menos, não as prejudicar, no que concerne as leis relativas à propriedade intelectual.

10.2 Medidas para mitigar os riscos

- Buscar assegurar a compatibilidade das atividades com as políticas e os planos científicos e tecnológicos dos **países anfitriões** e, quando for o caso, contribuir para o desenvolvimento de capacidades inovadoras locais e nacionais.

- Adotar, sempre que possível no curso das operações, práticas que permitam **a transferência e a difusão rápidas** de tecnologias, aptidões e práticas inovadoras e adaptadas ao local, considerando-se devidamente a proteção dos direitos de propriedade intelectual[92].

- No âmbito do direito nacional e em conformidade com os tratados internacionais aplicáveis, respeitar o **direito dos agricultores** de economizar, usar, trocar e vender recursos genéticos, incluindo sementes, e reconhecer os interesses dos criadores de animais[93].

- Quando o caso exigir, realizar trabalhos de desenvolvimento científico e tecnológico nos países em desenvolvimento que busquem responder às necessidades do **mercado local**, empregar pessoal local e incentivar a sua capacitação, levando-se em consideração as necessidades comerciais.

- Ao conceder licenças para o uso de **direitos de propriedade intelectual** ou, de outro modo, ao transferir tecnologia, fazê-lo em termos e condições razoáveis e de forma a contribuir para o desenvolvimento sustentável no longo prazo do país anfitrião.

- Se for relevante para os objetivos comerciais, desenvolver vínculos com **universidades locais**, instituições públicas de pesquisa e participar de projetos cooperativos de pesquisa com a indústria local ou associações setoriais[94].

Observações do Anexo A

[1] Diretrizes da OCDE, III.1-3, VIII.2; Princípio IRA-CSA 9.ii. VGGT, 12.3; Diretrizes Akwé: Kon, 10-11; Padrão de Desempenho 1 da IFC, 29; Princípios das Nações Unidas sobre Contratos Responsáveis anexados aos Princípios Orientadores das Nações Unidas sobre Empresas e Direitos Humanos e aprovados pelo Conselho de Direitos Humanos da ONU, Princípio 10. Isso também pode corroborar a implementação da Convenção de Aarhus, Artigo 5.6. As informações sobre as "características dos produtos" devem ser suficientes para permitir que os consumidores tomem decisões informadas, incluindo detalhes sobre os preços e, quando for o caso, sobre o conteúdo, a utilização segura, os impactos ambientais, a manutenção, o armazenamento e descarte dos produtos (Diretrizes para EMNs, VIII.2).

[2] Diretrizes Akwé: Kon, 10-11.

[3] Convenção de Aarhus, Artigo 5.1.c.

[4] Diretrizes da OCDE, III.1.

[5] Padrão de Desempenho 1 da IFC, para. 27.

[6] Padrão de Desempenho 7 da IFC, paras. 13-17; Diretrizes Akwé: Kon, 29, 52-53, 60; VGGT, 3B.6, 9.9; Princípio IRA-CSA 9.iii; Declaração da ONU sobre os Direitos dos Povos Indígenas, Artigo 10. De acordo com o Padrão de Desempenho 1 da IFC, para. 33, se o envolvimento das partes interessadas estiver principalmente sob responsabilidade do governo, as empresas devem colaborar com o órgão governamental responsável na medida permitida por esse órgão. Se a capacidade do governo for limitada, elas devem desempenhar um papel ativo no planejamento, na implementação e no acompanhamento da participação das partes interessadas. Se o processo conduzido pelo governo não cumprir os requisitos relevantes para um envolvimento significativo, elas devem conduzir um processo complementar e, quando necessário, identificar ações suplementares

[7] VGGT, 3B.6; Padrão de Desempenho 1 da IFC, 30.

[8] Diretrizes Akwé: Kon, 17; Padrão de Desempenho 1 da IFC, 30-31.

[9] Diretrizes Akwé: Kon, 7-8; Padrão de Desempenho 1 da IFC, 27.

[10] Diretrizes da OCDE, VI.3 e VI.67.

[11] Podem-se usar ferramentas tais como as Avaliações de Alto Valor de Conservação e de Estoque de Carbono. Consulte a subseção 8 sobre "proteção ambiental e uso sustentável dos recursos naturais" para mais informações sobre impactos ambientais adversos potenciais.

[12] Princípio IRA-CSA 10; Diretrizes Akwé: Kon, 6, 37 e 48.

[13] Princípio IRA-CSA 10.i; Diretrizes Akwé: Kon, 14.

[14] Padrão de Desempenho 1 da IFC, paras. 8 e 10.

[15] Artigos 8(j) e 10 da CDB; Artigo 9.2 do TIRFAA; Artigo 5 do Protocolo de Nagoya; Convenção nº 169 da OIT, Artigo 15.

[16] Uma lista indicativa pode ser encontrada no Anexo do Protocolo de Nagoya.

[17] Diretrizes Akwé: Kon, 46.

[18] Princípios IRA-CSA 1.iii e 2, iv-vii; Princípio PIRA 6; Declaração sobre EMNs da OIT, para. 20; Diretrizes Akwé: Kon, 46; Padrão de Desempenho 7 da IFC, paras. 18-20.

[19] Declaração sobre EMNs da OIT, para. 10, Princípio PIRA 5.

[20] Princípio PIRA 6; Diretrizes Akwé: Kon, 46; Padrão de Desempenho 7 da IFC, paras. 18-20.

[21] Padrão de Desempenho 1 da IFC, para. 35.

[22] Princípio Orientador 31 da ONU, comentário.

[23] Diretrizes da OCDE, IV.46;

[24] Diretrizes da OCDE, IV.1-3.

[25] Diretrizes da OCDE, IV.37;

[26] Diretrizes Akwé: Kon 13; Padrão de Desempenho 7 da IFC, para. 8.

[27] Para mais informações, consulte a seção acima sobre avaliações de impacto.

[28] Diretrizes da OCDE, II.2 e IV.5 e 45.

[29] Princípios IRA-CSA 3 e 4.

[30] Princípio IRA-CSA 3; Convenção das Nações Unidas sobre a Eliminação de Todas as Formas de Discriminação contra a Mulher (CEDAW).

[31] Princípio IRA-CSA 3.iii.

[32] Convenção de 1948 sobre Liberdade Sindical e Proteção ao Direito de Sindicalização (nº 87); Convenção de 1949 sobre Direito de Sindicalização e de Negociação Coletiva (nº 98); Convenção de 1930 sobre Trabalho Forçado (nº 29); Convenção de 1957 sobre Abolição do Trabalho Forçado (nº 105); Convenção de 1973 sobre Idade Mínima para Admissão (nº 138); Convenção de 1999 sobre Proibição das Piores Formas de Trabalho Infantil (nº 182); Convenção de 1951 sobre Igualdade de Remuneração (nº 100); Convenção de 1958 sobre Discriminação em Matéria de Emprego e Ocupação (nº 111).

[33] O Princípio IRA-CSA 2 aborda os direitos trabalhistas.

[34] Declaração sobre EMNs da OIT 21; Diretrizes da OCDE, V.1.e. O comentário 54 das Diretrizes da OCDE especifica que o termo "outra situação", para os fins das Diretrizes, refere-se à atividade sindical e a características pessoais, como idade, deficiência, gravidez, estado civil, orientação sexual ou presença do vírus HIV. Vale ressaltar que a Convenção sobre os Direitos das Pessoas com Deficiência (CDPD) proíbe a discriminação no emprego com base na deficiência.

[35] Declaração sobre EMNs da OIT 36; Diretrizes da OCDE, V.1.c; Direitos da Criança e Princípios Empresariais 2. Os Direitos da Criança e Princípios Empresariais não criam novas obrigações legais internacionais. Eles se baseiam nos direitos previstos na Convenção sobre os Direitos da Criança e nos seus Protocolos Facultativos. A Convenção é o tratado sobre direitos humanos mais amplamente sancionado: ela foi assinada e ratificada por 193 governos. Esses princípios também se baseiam nas Convenções da OIT nº 182, sobre Proibição das Piores Formas de Trabalho Infantil, e nº 138, sobre Idade Mínima para Admissão, bem como nos padrões existentes para as empresas, incluindo os "Dez Princípios" do Pacto Global da ONU e os Princípios Orientadores das Nações Unidas sobre Empresas e Direitos Humanos.

[36] Diretrizes da OCDE, V.1.d; Padrão de Desempenho 2 da IFC, paras. 13, 15, 21, 22 e 27.

[37] Declaração sobre EMNs da OIT, 34; Diretrizes da OCDE, V.4.a & b.

[38] Declaração sobre EMNs da OIT, 25.

[39] Declaração sobre EMNs da OIT, 26; Diretrizes da OCDE, V.6.

[40] Recomendação de 1967 da OIT sobre Comunicações no âmbito da empresa (nº 129), para. 2.

[41] Os sistemas de relações industriais, incluindo os acordos coletivos a nível empresarial e setorial, podem desempenhar um papel importante na prevenção e resolução de litígios.

[42] Padrão de Desempenho 2 da IFC, 14; Declaração sobre EMNs da OIT, 17, 52-53.

[43] Diretrizes da OCDE, II.9, V.1-3, V.6-8; Declaração sobre EMNs da OIT, 41, 44, 47, 51-56.

[44] Diretrizes da OCDE, V.4-5; Declaração sobre EMNs da OIT, para. 18.

[45] Declaração sobre EMNs da OIT, 16-18, 30-34.

[46] Princípios IRA-CSA 3.iii e 4.ii.

[47] Declaração sobre EMNs da OIT, 31.

[48] Os seguintes países e organizações aprovaram essa abordagem: a Comissão Europeia, o Departamento de Estado dos EUA, o Departamento de Agricultura dos EUA, o Centro de Controle e Prevenção de Doenças dos EUA (CDC), o Banco Mundial, a Organização Mundial da Saúde (OMS), a FAO, a OIE e a Coordenação do Sistema das Nações Unidas para a Gripe Aviária (UNSIC). Para mais informações, acesse www.onehealthglobal.net.

[49] Os Comentários Gerais do Comitê dos Direitos Econômicos, Sociais e Culturais são interpretações não vinculantes, mas oficiais do PIDESC.

[50] Comitê dos Direitos Econômicos, Sociais e Culturais, Comentário Geral n° 14 de 2000. Embora o PIDESC seja um instrumento internacional amplamente ratificado, no qual os Estados Partes reconhecem o direito de desfrutar o mais elevado nível de saúde física e mental, os direitos relacionados à saúde também podem ser encontrados em outros instrumentos, inclusive na Convenção sobre os Direitos da Criança (CDC), na Convenção sobre a Eliminação de todas as Formas de Discriminação contra a Mulher (CEDAW), na Convenção sobre a Eliminação de Todas as Formas de Discriminação Racial (CERD) e na Convenção sobre os Direitos das Pessoas com Deficiência (CDPD).

[51] Para recomendações específicas sobre os interesses dos consumidores, consulte as Diretrizes da OCDE, VIII.

[52] O Padrão de Desempenho 3 da IFC define "boas práticas internacionais" como "o exercício da aptidão profissional, diligência, prudência e previsão que se poderia razoavelmente esperar de profissionais aptos e experientes envolvidos no mesmo tipo de atividade em circunstâncias idênticas ou semelhantes, em âmbito global ou regional. O resultado desse exercício deve ser a aplicação das tecnologias mais apropriadas para as circunstâncias específicas do projeto".

[53] Padrão de Desempenho 4 da IFC.

[54] Princípio PIRA 5. A Comissão do Codex Alimentarius, criada pela FAO e pela Organização Mundial da Saúde (OMS) em 1963, propõe normas, diretrizes e códigos de práticas alimentares internacionais para proteger a saúde dos consumidores e garantir práticas justas no comércio de alimentos. Além disso, a Comissão promove uma coordenação entre os vários referenciais de segurança alimentar desenvolvidos por organizações internacionais governamentais e não-governamentais. Os princípios de APPCC fazem parte do Codex. Eles possuem uma abordagem preventiva sistemática para segurança alimentar e riscos biológicos, químicos e físicos nas etapas do processo de produção de alimentos que podem tornar inseguro o produto final. Eles criam medidas corretivas para reduzir esses riscos a um nível seguro. Os sete princípios são os seguintes: (1) conduzir uma análise dos perigos; (2) identificar os pontos críticos de controle; (3) estabelecer os limites críticos; (4) monitorar os pontos críticos de controle; (5) estabelecer medidas corretivas; (6) verificar; e (7) manter registros e documentação. O sistema APPCC pode ser utilizado em todas as fases de uma cadeia alimentar, desde processos de produção e preparação de alimentos até o condicionamento e distribuição.

[55] Por exemplo, os programas reconhecidos pela Iniciativa Global de Segurança Alimentar incluem o SSC 22000 Sistema de Gestão de Segurança Alimentar, a Norma Global do BRC para Segurança Alimentar e a Certificação International Featured Standard. A Autoridade Europeia para a Segurança Alimentar também estabelece regras para a segurança alimentar.

[56] De acordo com a Comissão do Codex Alimentarius de 2006, "rastreabilidade" é definida como a capacidade de acompanhar o caminho percorrido pelos alimentos em etapas específicas de produção, processamento e distribuição. A ferramenta de rastreabilidade deve ser capaz de identificar, em qualquer etapa específica da cadeia de produção alimentar, de onde os alimentos vieram (uma etapa anterior) e para onde eles foram (uma etapa seguinte), em conformidade com os objetivos do sistema de inspeção e certificação dos alimentos.

[57] Os direitos ligados à alimentação também são protegidos por outros instrumentos internacionais e regionais, tais como a Convenção sobre os Direitos da Criança (CDC), a Convenção sobre a Eliminação de Todas as Formas de Discriminação contra as Mulheres (CEDAW) e a Convenção sobre os Direitos das Pessoas com Deficiência (CDPD).

[58] O Comitê dos Direitos Econômicos, Sociais e Culturais da ONU, Comentário Geral 12 (1999), paras. 6, 15 e 27.

[59] Para mais informações, consulte o Índice de Acesso à Nutrição em www.accesstonutrition.org.

[60] Princípios IRA-CSA 1.i e iii, 2.iii e iv, e 8.i; 3.i e iii; VGGT, 12.4; Princípio PIRA 2.

[61] O CAO é o mecanismo independente para recursos da IFC e da Agência Multilateral de Garantia de Investimentos (MIGA). Ele responde às reclamações de comunidades afetadas por projetos com o objetivo de melhorar os resultados sociais e ambientais no terreno.

[62] Embora os direitos de posse da terra e outros recursos naturais não sejam direitos humanos, eles podem ter implicações importantes para o exercício de vários destes e se refletem nas recomendações para a CER. Uma exceção importante é o direito dos povos indígenas à propriedade e à posse de terras que ocupam tradicionalmente, o qual foi codificado na Convenção nº 169 da OIT e promovido na Declaração não vinculativa, mas amplamente mencionada, da ONU sobre os Direitos dos Povos Indígenas (ver Anexo B).

[63] O reassentamento involuntário refere-se tanto ao deslocamento físico (realocação ou perda de terras) quanto ao deslocamento econômico (perda ou diminuição do acesso a recursos naturais, levando à perda dos meios de subsistência) como resultado da aquisição de terras e/ou de restrições ao uso dos recursos naturais. O reassentamento é considerado involuntário quando as pessoas afetadas não têm o direito de recusar a aquisição das terras e/ou as restrições ao uso dos recursos naturais (Padrão de Desempenho 5 da IFC).

[64] VGGT, 2.4; Princípio PIRA 1; Diretrizes Akwé: Kon 13; Padrão de Desempenho 7 da IFC, para. 8.

[65] Diretrizes Akwé: Kon 13.

[66] VGGT, 12.4 e 16.1; Padrão de Desempenho 5 da IFC, para. 8; Convenção de 1989 da OIT sobre Povos Indígenas e Tribais (nº 169), Artigo 16. Observe que essas normas são também mencionadas nos recentes compromissos das grandes empresas do setor agroalimentar em matéria de grilagem de terras.

[67] PIRA, 6.2.1; Padrão de Desempenho 5 da IFC, paras. 9-10, 19, 27-28 e Padrão de Desempenho 7 da IFC, paras. 9 e 14.

[68] Padrão de Desempenho 5 da IFC, para. 30. Além disso, o parágrafo 31 desse mesmo texto exige que as empresas elaborem um plano complementar de reassentamento e restauração dos meios de subsistência.

[69] De acordo com a definição da OIE, reconhecida por mais de 170 países, o bem-estar animal designa a maneira como o animal lida com as condições em que vive. Um animal tem um bom nível de bem-estar, se (conforme indicado por evidências científicas) ele for saudável, estiver confortável, bem nutrido, seguro, capaz de expressar seu comportamento natural e se não sofrer por situações desagradáveis que causam dor, medo e angústia. Para mais informações, ver www.defra.gov.uk/fawc.

[70] As cinco liberdades são reconhecidas na introdução das recomendações da OIE sobre o Bem-Estar Animal, ou seja, no Artigo 7.1.2 do Código Sanitário de Animais Terrestres. Para mais informações, consulte as Cinco Liberdades do Conselho de Bem-Estar para os Animais de Produção em www.fawc.org.uk/freedoms.htm.

[71] Ver http://eur-lex.europa.eu/legal-content/EN/TXT/?uri=CELEX:12012E/TXT.

[72] Essas regras incluem: Nota Técnica da IFC sobre Boas Práticas de Bem-Estar Animal nas Operações de Pecuária; o selo Freedom Food da Sociedade Real para a Prevenção da Crueldade contra Animais (RSPCA); a certificação Label Rouge; o programa de 5 etapas da GAP; e os padrões orgânicos da Soil Association.

[73] OIE, Código Sanitário de Animais Terrestres de 2015, Artigo 7.1.4. Essas medidas para mitigar os riscos seguem a mesma linha dos critérios substantivos do Business Benchmark on Farm Animal Welfare (www.bbfaw.com).

[74] Um plano de gestão de pragas deve buscar reduzir o desenvolvimento de pragas através da combinação de várias técnicas, como o controle biológico por meio do uso de insetos ou micro-organismos benéficos, a diversificação de culturas resistentes a pragas e práticas agrícolas alternativas, como a pulverização ou a poda.

[75] Diretrizes da OCDE, VI.1.

[76] Padrão de Desempenho 1 da IFC, paras. 5 e 21-22.

[77] Diretrizes da OCDE, VI.2-3.

[78] Diretrizes da OCDE, VI.1, 4-5; Padrão de Desempenho 1 da IFC, paras. 5 e 21-22; Pacto Global da ONU, Princípios 7-8; Convenção-Quadro das Nações Unidas sobre Mudanças Climáticas, Artigo 3.

[79] Diretrizes da OCDE, VI.2-3.

[80] Padrão de Desempenho 6 da IFC, para. 7; Artigos 8 e 9 da CDB; Princípio IRA-CSA 6.ii. O Padrão de Desempenho 6 da IFC, para. 26, também afirma que, sempre que possível, "os clientes devem procurar localizar o projeto em habitats modificados e não em habitats naturais ou críticos". As Propostas de Política Florestal da Comissão Internacional para Alterações do Uso do Solo e dos Ecossistemas (outubro de 2009), a Diretiva de Energias Renováveis da UE nº 2009/28/EG (abril de 2009), o Regulamento sobre Madeiras da UE nº 995/2010 (outubro de 2010) e a Declaração de Nova York sobre Florestas adotada na Cúpula do Clima de 2014, referem-se a mudanças no uso da terra.

[81] Princípio PIRA 7. Por exemplo, a fertilidade do solo pode ser preservada por meio de rotações apropriadas de culturas, aplicação de esterco, gestão de pastagens e práticas racionais de preparo mecânico ou de conservação.

[82] O CEO Water Mandate (uma iniciativa público-privada lançada pelo Secretário-Geral da ONU em 2007, concebida para auxiliar as empresas no desenvolvimento, na implementação e na divulgação de políticas e práticas sustentáveis relativas à água) exige a definição de metas relacionadas à conservação da água, ao tratamento de águas residuais e à redução do consumo da água. Por outro lado, o documento de resultados do Rio +20, "O Futuro que Queremos", foca em aumentar a eficiência do uso da água e em reduzir as perdas.

[83] Princípio IRA-CSA 8.iii.

[84] Princípio IRA-CSA 6.iii. O desperdício de alimentos também deve ser avaliado, inclusive por intermédio da medição de sua quantidade. Sempre que possível, deve-se minimizar o desperdício por meio, por exemplo, da transferência de tecnologia para terceiros ou da conscientização sobre o desperdício de alimentos e as suas consequências. Se o desperdício não puder ser evitado, a quantidade de alimentos enviados para aterros deve ser minimizada, por exemplo, ao utilizá-los para alimentação animal ou ao transformá-los em energia, conforme o caso.

[85] Padrão de Desempenho 3.6 da IFC.

[86] Princípio IRA-CSA 6.v.

[87] Diretrizes da OCDE, II.A.5 e 15 e VII.

[88] VGGT, 6.9, 8.9, 9.12, 16.6, 17.5.

[89] Para mais informações sobre como os Estados podem tomar medidas eficazes para impedir, prevenir e combater o suborno de funcionários públicos estrangeiros nas transações comerciais internacionais, ver a Recomendação da OCDE do Conselho para o Combate ao Suborno de Funcionários Públicos Estrangeiros nas Transações Comerciais Internacionais, www.oecd.org/daf/anti-bribery/44176910.pdf.

[90] Diretrizes da OCDE, XI.1-2.

[91] Diretrizes da OCDE, X.2-3.

[92] Diretrizes da OCDE, IX.1-2; Princípio IRA-CSA 7.iv.

[93] Princípio IRA-CSA 7.ii; Tratado Internacional sobre os Recursos Fitogenéticos para a Alimentação e a Agricultura, Artigo 9.3.

[94] Diretrizes da OCDE, IX.

Referências do Anexo A

CAO (2013), Annual Report, Compliance Advisor Ombudsman, Washington DC.

CAO (2008), A Guide to Designing and Implementing Grievance Mechanisms for Development Projects, Advisory Note, Compliance Advisor Ombudsman, Washington DC.

DEFRA (2003), "Preface", in The Code of Recommendations for the Welfare of Livestock, United Kingdom Department of Environment, Food and Rural Affairs, London.

EC (2011), Report - A Sectoral Approach to CSR to Tackle Societal Issues in the Food Supply Chain, High Level Forum for a Better Functioning Food Supply Chain, Expert Platform on the Competitiveness of the Agro-food Industry, European Commission, Brussels.

FAO (2013), Trends and Impacts of Foreign Agricultural Investment in Developing Country Agriculture: Evidence from Case Studies, Food and Agriculture Organization, Rome.

FAO (2011), Report of Expert Meeting on International Investment in the Agricultural Sector of Developing Countries, 22-23 November 2011, Food and Agriculture Organization, Rome.

FAO (2010), Principles for Responsible Agricultural Investment that Respects Rights, Livelihoods and Resources, Discussion Note Prepared by FAO, IFAD, UNCTAD and the World Bank Group, Food and Agriculture Organization, Rome.

IFC (2014), Improving Animal Welfare in Livestock Operations, Good Practice Note, International Finance Corporation, Washington DC.

IFC (2012), IFC Performance Standards, International Finance Corporation, Washington DC.

IFC (2009), Addressing Grievances from Project-affected Communities - Guide for Projects and Companies Designing Grievance Mechanisms, Good Practice Note No. 7, International Finance Corporation, Washington DC.

IIPPA (2006), Occupational Health Hazards of Agriculture - Understanding the Links between Agriculture and Health, Brief 13(8), International Food Policy Research Institute, Washington DC.

OIT (2011a), "Unleashing rural development through productive employment and decent work: Building on 40 years of ILO work in rural areas", Paper to the Governing Body's Committee on Employment and Social Policy, International Labour Organization, Geneva.

OIT (2011b), Safety and Health in Agriculture, Code of Practice, International Labour Organization, Geneva.

OIT (2008), The Labour Principles of the United Nations Global Compact: A Guide for Business, International Labour Organization, Geneva.

OIT (2006), Tripartite Declaration of Principles concerning Multinational Enterprises and Social Policy, International Labour Organization, Geneva.

OIT (2005), Safety and Health in Agriculture, International Labour Organization, Geneva.

McDermott, M. et al. (2015), Towards the Valuation of Unregistered Land, Paper Prepared for a Presentation at the 2015 World Bank Conference on Land and Poverty by McDermott, M., Selebalo, C. and Boydell, S., World Bank, Washington DC.

Munden Project (2013), Global Capital, Local Concessions: A Data-Driven Examination of Land Tenure Risk and Industrial Concessions in Emerging Market Economies, The Munden Project Ltd.

OCDE (2011), OECD Guidelines for Multinational Enterprises, 2011 Edition, OECD Publishing, Paris. http://dx.doi.org/10.1787/9789264115415-en.

OCDE (2006), "OECD Risk Awareness Tool for Multinational Enterprises in Weak Governance Zones", in Annual Report on the OECD Guidelines for Multinational Enterprises 2006: Conducting Business in Weak Governance Zones, OECD Publishing, Paris. http://dx.doi.org/10.1787/mne-2006-4-en.

RSPCA (2014), Large-scale Farming, A Briefing Paper with an Emphasis on Dairy Farming, Royal Society for the Prevention of Cruelty to Animals, Southwater.

TI (2011), "Corruption in the land sector", Working Paper 04/2011, Transparency International.

NAÇÕES UNIDAS (2009), Large-scale land acquisitions and leases - A set of minimum principles and measures to address the human rights challenge, UN Special Rapporteur on the Right to Food, United Nations document A/HRC/13/33/3/Add.2, www.srfood.org/images/stories/pdf/officialreports/20100305_a-hrc-13-33-add2_land-principles_en.pdf.

UNCTAD (2009), Transnational Corporations, Agricultural Production and Development, World Investment Report, United Nations Conference on Trade and Development, New York and Geneva.

PNUMA (2015), Bank and Investor Risk Policies on Soft Commodities, A Framework to Evaluate Deforestation and Forest Degradation Risk in the Agricultural Value Chain, United Nations Environment Programme.

ONU HABITAT (2015), Issue Papers and Policy Units of the Habitat III Conference, United Nations Conference on Housing and Sustainable Urban Development, Nairobi.

BM e UNCTAD (2014), The Practice of Responsible Investment in Larger-Scale Agricultural Investments – Implications for Corporate Performance and Impacts on Local Communities, World Bank Report Number 86175-GLB, Agriculture and Environmental Services Discussion Paper 08, World Bank and United Nations Conference on Trade and Development, Washington DC.

Anexo B. Engajamento com povos indígenas

Conforme descrito no modelo de política empresarial, devem ser realizadas consultas de boa-fé, eficientes e significativas com as comunidades antes do início de qualquer operação que possa afetá-las, bem como durante e no final delas. Além disso, alguns instrumentos e normas internacionais expressam o compromisso que o Estado deve ter para obter o consentimento livre, prévio e informado (CLPI) dos povos indígenas antes que seja aprovado qualquer projeto que possa afetar suas terras, territórios ou outros recursos[1]. De acordo com alguns órgãos de direitos humanos e povos indígenas, o conceito de CLPI deriva do direito de autodeterminação dos povos e de seus direitos territoriais e culturais, bem como é imprescindível para o exercício desses direitos. Alguns países têm leis nacionais compatíveis com o compromisso de realizar essas consultas e cooperar para a obtenção do CLPI[2].

Os Princípios IRA-CSA e as VGGT exigem consultas significativas a fim de obter o CLPI dos povos indígenas. Além disso, algumas grandes empresas do setor agroalimentar e mesas de negociação exigem a obtenção do CLPI segundo determinadas condições. Por exemplo, a Mesa Redonda para Óleo de Palma Sustentável (RSPO) exige o CLPI dos grupos afetados para que a terra seja usada para plantações de palma[3]. As Diretrizes da OCDE fazem referência aos instrumentos da ONU sobre os direitos dos povos indígenas no contexto dos impactos adversos dos direitos humanos, mas não incluem nenhum dispositivo sobre o CLPI[4].

Definição de povos indígenas

Não existe uma definição única de povos indígenas e estes não são entidades homogêneas. No entanto, a Organização Internacional do Trabalho (OIT), com base na sua Convenção nº 169, caracterizou os povos indígenas como um grupo social e cultural distinto, com as seguintes características em diferentes níveis:

- autoidentificação como membros de um grupo cultural distinto
- estilos de vida tradicionais
- cultura e modo de vida diferentes dos outros segmentos da população nacional, por exemplo, nas suas formas de subsistência, idiomas, tradições, etc.
- organização social própria, podendo incluir costumes e/ou leis tradicionais[5].

A autoidentificação como indígena deve ser considerada um critério fundamental para a determinação dos povos indígenas[6].

Os povos indígenas podem sofrer impactos adversos de forma diferente ou mais severa do que outros grupos de partes interessadas, tendo-se em conta a sua relação com a terra, que muitas vezes desempenha um papel fundamental nas práticas sociais, culturais e religiosas, assim como na cultura e na situação socioeconômica desses povos. Frequentemente, eles estão entre os segmentos mais marginalizados e vulneráveis da população. Eles podem sofrer discriminação e enfrentar altos níveis de pobreza, ficando, assim, mais vulneráveis e menos resilientes aos impactos adversos. Independentemente do regime jurídico que rege determinada operação, os povos indígenas, em geral, têm direitos tradicionais ou consuetudinários baseados na relação deles com a terra, na sua cultura e na sua situação socioeconômica:

- **Terra:** Muitas vezes, os povos indígenas têm uma relação especial e/ou direitos tradicionais de ocupação de terras ancestrais. Essa relação com a terra é uma característica distintiva dos povos indígenas, os quais podem ser afetados de forma mais severa do que outras partes envolvidas não-indígenas, quando ocorrem impactos relacionados à terra, tais como redução ou perda de acesso à terra, ou degradação ambiental. Além disso, os direitos tradicionais de ocupação da terra dos povos indígenas podem não ser reconhecidos pelas leis nacionais. A consulta deve explorar o valor intangível associado a áreas sagradas ou de valor cultural.

- **Cultura:** Os povos indígenas podem ter valores e características culturais únicos que devem ser levados em consideração e respeitados no momento do engajamento. Por exemplo, questões de privacidade podem ser muito importantes para os povos indígenas, seja devido a um legado de discriminação e marginalização social ou cultural, seja pela sensibilidade oriunda da falta de contato com as culturas dominantes. Nesses casos, a ação mais adequada para o obter seu engajamento pode incluir a busca de consentimento com fins de registrar informações sobre rituais, cerimônias e ritos de passagem para que não haja interrupção de sua vida cultural. Isso é particularmente importante quando as operações resultarem em reassentamento e/ou deslocamento. Considerando que o modo de vida tradicional dos povos indígenas é, em geral, intimamente ligado a um território específico, o reassentamento pode levar à perda das redes de relações, à erosão cultural e à perda da linguagem e da identidade única. Da mesma forma, o emprego em atividades empresariais de grande escala pode ser visto como um prejuízo para as atividades tradicionais de alguns povos indígenas. A introdução de uma economia de capital pode ser incompatível com as relações de troca já existentes. O engajamento com os povos indígenas pode identificar formas de mitigar esses impactos e refletir as aspirações e as prioridades desses povos.

- **Situação socioeconômica:** Em muitas partes do mundo, os povos indígenas estão entre os segmentos mais marginalizados e vulneráveis da população. Eles, muitas vezes, sofrem discriminação e enfrentam altos níveis de pobreza e desigualdade social, são menos informados sobre seus direitos e, consequentemente, menos capazes de defender esses direitos e seu patrimônio cultural. Isso pode torná-los menos resistentes a choques e impactos adversos e mais vulneráveis às consequências econômicas e sociais graves. Eles podem falar dialetos raros ou utilizar a tradição oral como meio de transmitir informações, o que pode resultar em dificuldades na comunicação eficaz, tornando necessária a instituição de métodos inovadores de consulta e engajamento. Além disso, é importante considerar que ressentimentos históricos podem existir e dificultar as atividades.

Os grupos indígenas incluem pessoas que sofrem impactos adversos de forma diferente e incluem grupos mais vulneráveis, como mulheres e crianças, para os quais é necessária atenção especial durante o processo de engajamento.

Implementação do CLPI

As empresas devem sempre cumprir as leis e os regulamentos nacionais e respeitar os direitos humanos internacionalmente reconhecidos[7]. Independentemente das exigências regulamentares ou operacionais, e durante todo o planejamento do projeto, elas devem antecipar que os povos indígenas esperem ser consultados com relação ao CLPI e, caso não sejam, podem surgir riscos decorrentes da quebra de expectativa. Nos países em que o CLPI não é obrigatório, as empresas devem considerar as expectativas locais e os riscos que uma oposição local pode gerar tanto para os povos indígenas[8] como para as operações. As empresas devem buscar uma estratégia de engajamento que atenda às expectativas legítimas dos povos indígenas, na medida em que não violem as leis nacionais.

Nesse sentido, os seguintes passos-chave podem ser úteis para o engajamento com os povos indígenas na busca da obtenção do CLPI:

- Acordar com os povos indígenas afetados um processo de consulta em busca de obter o seu CLPI. Esse processo deve identificar as atividades específicas em curso e futuras para as quais o consentimento deve ser obtido[9]. Em alguns casos, pode ser adequado oficializar o processo por meio de um acordo formal ou jurídico[10]. O processo deve sempre ter como base negociações de boa-fé, livres de coerção, intimidação ou manipulação.

- Consultar os povos indígenas afetados, a fim de chegar a um acordo sobre o que constitui um consentimento adequado e em conformidade com as suas instituições de governança e as leis e práticas consuetudinárias, para definir, por exemplo, se uma proposta deverá ser aceita pelo voto majoritário da comunidade ou pela aprovação do conselho de anciãos. Os povos indígenas devem poder participar por meio dos seus próprios representantes e instituições habituais, escolhidos livremente, ou por meio de outros agentes.

- Dar início ao processo de obtenção de consentimento o mais rápido possível já durante o planejamento do projeto, antes que iniciem ou sejam autorizadas atividades para as quais o consentimento deve ser solicitado.

- Reconhecer o processo de obtenção do CLPI como iterativo em vez de uma discussão única. O diálogo contínuo com a comunidade local resultará em uma relação de confiança e um acordo equilibrado, beneficiando o investimento em todas as fases do projeto.

- Fornecer às comunidades indígenas todas as informações relativas à atividade de forma tempestiva, objetiva, precisa e compreensível para elas.

- Documentar os compromissos ou acordos alcançados, inclusive especificando, quando for caso, para quais atividades o consentimento foi concedido ou não, todas as condições do consentimento e as questões ainda em fase de negociação, e compartilhar rapidamente esses documentos com a comunidade indígena em forma e linguagem que seja lhe sejam compreensíveis.

- Determinar quais medidas serão tomadas se: a) os povos indígenas se recusarem a negociar; e b) os povos indígenas não derem o seu consentimento para a realização das atividades no território deles.

Resposta à falta de consentimento ou recusa de engajamento

Se o consentimento não for dado por uma comunidade indígena, a empresa deve consultá-la a fim de entender as razões por trás dessa recusa e se as preocupações em questão podem ser sanadas ou eliminadas. Um consentimento previamente outorgado de forma livre e com conhecimento de causa não deve ser retirado sem motivos.

Caso a probabilidade de obter o consentimento seja pequena ou se os povos indígenas recusarem o engajamento, podem surgir riscos materiais para a empresa e impactos adversos para os povos indígenas. Em situações nas quais o prosseguimento dos projetos possa causar impactos adversos para os povos indígenas, a empresa deve tomar as medidas necessárias para cessar ou prevenir esses impactos[11].

Se, por meio da devida diligência[12], uma empresa concluir que o consentimento é necessário para prosseguir com uma atividade e o processo acordado não tiver alcançado o consentimento, as atividades não devem ser realizadas, a menos que exista a probabilidade de obter o CLPI . Por exemplo, um projeto financiado pela IFC não deve prosseguir, independentemente de qualquer autorização do Estado, se for necessária a deslocalização de populações indígenas e se o CLPI dessas populações não tiver sido obtido.

Table A 0.1. Trechos de instrumentos e normas existentes

Padrão	Texto relacionado ao CLPI
Declaração da ONU sobre os Direitos dos Povos Indígenas (DDPI)*	Nenhum deslocamento se realizará sem o CLPI dos povos indígenas interessados (Artigo 10). Os Estados proporcionarão reparação por meio de mecanismos eficazes, que poderão incluir a restituição, estabelecidos conjuntamente com os povos indígenas, no que diz respeito aos bens culturais, intelectuais, religiosos e espirituais de que tenham sido privados sem seu CLPI, ou em violação às suas leis, tradições e costumes (Artigo 11). Os Estados farão consultas e cooperarão de boa-fé com os povos indígenas interessados por meio de suas próprias instituições representativas, a fim de obter seu CLPI antes de aprovar qualquer projeto que afete as suas terras ou seus territórios e outros recursos, particularmente no que diz respeito ao desenvolvimento, à utilização ou à exploração de recursos minerais, hídricos ou de outro tipo (Artigo 32). Outras referências adicionais ao CLPI estão presentes nos Artigos 19, 29 e 30.
Convenção nº 169 da OIT sobre Povos Indígenas e Tribais**	Se, excepcionalmente, o reassentamento desses povos for considerado necessário, ele só poderá ser efetuado com o consentimento deles, concedido de forma livre e informada. Se não for possível obter o seu consentimento, o reassentamento só poderá ser realizado após a conclusão de procedimentos adequados estabelecidos pelas leis e pelos regulamentos nacionais, inclusive enquetes públicas, quando for o caso, nas quais os povos interessados tenham a possibilidade de serem efetivamente representados (Artigo 16).
PRINCÍPIOS IRA-CSA	O investimento responsável na agricultura e nos sistemas alimentares deve…incorporar estruturas de governança, processos e tomadas de decisão inclusivas e transparentes…por meio de… consultas eficazes e significativas aos povos indígenas, por meio das suas instituições representativas, a fim de obter o seu CLPI nos termos da Declaração das Nações Unidas sobre os Direitos dos Povos Indígenas e considerando as posições e os entendimentos específicos de cada Estado (Princípio 9).
VGTT	Os Estados e outras partes devem consultar os povos indígenas de boa-fé antes de iniciar qualquer projeto ou antes de adotar e implementar medidas legislativas ou administrativas que afetem os recursos em relação aos quais as comunidades detêm direitos. Esses projetos devem se basear em uma consulta eficaz e significativa aos povos indígenas, por meio das suas próprias instituições representativas, a fim de obter o seu CLPI nos termos da Declaração das Nações Unidas sobre os Direitos dos Povos Indígenas e considerando as posições e os entendimentos específicos de cada Estado (Para. 9.9). No caso dos povos indígenas e de suas comunidades, os Estados devem garantir que todas as ações sejam consistentes com suas obrigações previstas nas leis nacionais e internacionais, considerando os compromissos voluntários assumidos em instrumentos regionais e internacionais aplicáveis, incluindo, conforme apropriado, na Convenção nº 169 da

	OIT sobre Povos Indígenas e Tribais em Países Independentes e a Declaração da ONU sobre os Direitos dos Povos Indígenas (Para. 12.7);
Diretrizes Akwé: Kon	Na condução de avaliações de impacto cultural, devem-se considerar os titulares de conhecimentos, as inovações e práticas tradicionais e o conhecimento em si... Em caso de divulgação de conhecimentos secretos e/ou sagrados, um consentimento prévio informado e as medidas de proteção adequadas devem ser asseguradas (Para. 29).
	Da mesma forma, as considerações abaixo devem ser levadas em conta na condução de uma avaliação de impacto relativa aos desenvolvimentos propostos ou que possam ter impacto em locais sagrados e em terras águas tradicionalmente ocupadas ou usadas por comunidades locais ou indígenas:
	• Consentimento prévio informado das comunidades indígenas e locais afetadas: Sempre que o regime jurídico nacional exigir o consentimento prévio informado das comunidades indígenas e locais, o processo de avaliação deve considerar se esse consentimento prévio e informado foi obtido. O consentimento prévio informado correspondente a várias fases do processo de avaliação de impacto deve considerar os direitos, os conhecimentos, as inovações e as práticas das comunidades indígenas e locais; o uso de uma linguagem e de um processo adequados; a concessão de um prazo suficiente e a divulgação de informações precisas, factuais e juridicamente corretas. Eventuais modificações ao desenvolvimento proposto inicial exigirá um consentimento prévio informado adicional das comunidades locais e indígenas afetadas (Para. 53).
	• A propriedade, a proteção e o controle de conhecimentos, inovações e práticas e tecnologias tradicionais utilizados em processos de avaliação de impacto em matéria cultural, ambiental e social... Esse conhecimento só pode ser utilizado com o consentimento prévio informado dos titulares desse conhecimento tradicional (Para. 60).
Padrões de Desempenho da IFC	Não existe uma definição universalmente aceita de CLPI (...). O CLPI se baseia e amplia o processo de Consulta e Participação Informada descrita no Padrão de Desempenho 1 e será estabelecido por meio de negociações de boa-fé entre o cliente e as Comunidades Afetadas de Povos Indígenas. O cliente deve documentar: (i) o processo mutuamente aceito entre o cliente e as Comunidades Afetadas de Povos Indígenas e (ii) uma comprovação do acordo entre as partes resultante das negociações. O CLPI não exige necessariamente unanimidade e pode ser alcançado mesmo se pessoas ou grupos dentro da comunidade discordarem explicitamente.
	As comunidades afetadas de povos indígenas podem estar particularmente vulneráveis à perda, alienação ou exploração de suas terras e seu acesso aos recursos naturais e culturais. Como reconhecimento dessa vulnerabilidade, o cliente deve obter o CLPI das comunidades afetadas de povos indígenas nas seguintes circunstâncias:
	• Impactos sobre terras e recursos naturais sujeitos à propriedade tradicional ou usados habitualmente.
	• Reassentamento de povos indígenas de terras e recursos naturais sujeitos à propriedade tradicional ou usados habitualmente: o cliente deve considerar projetos alternativos viáveis para evitar o reassentamento dos povos indígenas de terras e recursos naturais sujeitos à propriedade tradicional ou usados habitualmente. Se o reassentamento for inevitável, o cliente não deve prosseguir com o projeto, a menos que o CLPI tenha sido obtido.
	• Patrimônios culturais importantes: Se impactos significativos do projeto em patrimônios culturais importantes forem inevitáveis, o cliente deve obter o CLPI das comunidades afetadas de povos indígenas. Se um projeto se propuser a usar o patrimônio cultural, incluindo conhecimentos, inovações ou práticas, dos povos indígenas para fins comerciais, o cliente deve... obter o CLPI das comunidades afetadas de povos indígenas.

* A Declaração de 2007 é um documento não legalmente vinculante adotado pela Assembleia Geral da ONU com 143 países a favor, 4 contra e 11 abstenções. Ela representa a intenção política desses países.

** Essa Convenção de 1989 é vinculante para os 22 países que a assinaram. Sua adoção na OIT representa um consenso entre os seus constituintes sobre os direitos dos povos indígenas e tribais e as responsabilidades dos governos de proteger esses direitos. Os fundamentos da Convenção são: o respeito pelas culturas e pelo modo de vida dos povos indígenas, o reconhecimento do seu direito à terra e aos recursos naturais e o seu direito de definir as suas próprias prioridades de desenvolvimento. Os seus princípios fundamentais são a consulta e a participação.

Mais orientações sobre o CLPI

Banco Mundial (2005), *Operational Policy 4.10: Indigenous Peoples*. Washington, DC.

FAO (2014), *Respecting free, prior and informed consent - Practical guidance for governments, companies, NGOs, indigenous peoples and local communities in relation to land acquisition*, Governance of tenure technical guide 3.

Foley-Hoag (2010), *Implementing a corporate free, prior, and informed consent policy: benefits and challenges*, by Lehr, A. and Smith, G. www.foleyhoag.com/publications/ebooks-and-white-papers/2010/may/implementing- a-corporate-free-prior-and-informed-consent-policy.

Fórum Permanente das Nações Unidas sobre Questões Indígenas (2005), *Report of the International Workshop on Methodologies Regarding Free, Prior and Informed Consent and Indigenous Peoples*. Document E/C.19/2005/3, submitted to the Fourth Session of the UNPFII, 16-17 May.

Mecanismo de Peritos sobre os Direitos dos Povos Indígenas (2011), Expert Mechanism advice No. 2: indigenous peoples and the right to participate in decision-making. Geneva.

OCDE (2016), *OECD Due Diligence Guidance for Meaningful Stakeholder Engagement in the Extractive Sector*, forthcoming, OECD Publishing, Paris.

OIT (2013), *Understanding the Indigenous and Tribal Peoples Convention*, 1989 (No.169), Handbook for ILO Tripartite Constituents, International Labour Standards Department, International Labour Organisation, Geneva.

Oxfam Australia (2005), *Guide to free, prior and informed consent*, by Hill, C., Lillywhite, S. and Simon, S., Carlton, Victoria, Australia.

RSB (2011), *RSB guidelines for land rights: respecting rights, identifying risks, avoiding and resolving disputes and acquiring lands through free, prior and informed consent*, Roundtable on Sustainable Biofuels, Geneva.

Observações do Anexo B

[1] Os instrumentos internacionais sobre povos indígenas são a DDPI e a Convenção nº 169 da OIT. A DDPI recomenda que os Estados consultem e cooperem com os povos indígenas interessados, a fim de obter o seu CLPI em várias situações, incluindo para projetos que afetam as suas terras e territórios ou outros recursos (Artigos 19 e 32). A Convenção nº 169 da OIT, que é legalmente vinculante para os países que a ratificaram, exige que os Estados Partes consultem os povos indígenas com o objetivo de chegar a um acordo ou consentimento sobre as medidas propostas (Artigo 6). Para obter orientações a respeito da disposição sobre consentimento da Convenção, consulte o Manual da OIT para Constituintes Tripartites - Entendendo a Convenção sobre os Povos Indígenas e Tribais, 1989 (nº 169) (2013). Outros órgãos da ONU argumentam que as normas internacionais relativas ao CLPI se aplicam aos atores não estatais da mesma forma. Esses órgãos incluem o Fórum Permanente sobre Questões Indígenas da ONU, o Grupo de Trabalho sobre direitos humanos, empresas transnacionais e outras empresas da ONU, o Relator Especial da ONU sobre os direitos dos povos indígenas, o Mecanismo de Especialistas sobre os Direitos dos Povos Indígenas da ONU e vários Organismos de Tratados sobre os Direitos Humanos da ONU.

[2] FAO, "Respeito ao consentimento livre, prévio e informado – diretrizes práticas para governos, ONGs, povos indígenas e comunidades locais em matéria de aquisição de terras" (2014), p. 7, www.fao.org/3/a-i3496e.pdf.

[3] Os "Princípios e critérios para a produção de óleo de palma sustentável", aprovados pela Diretoria Executiva da RSPO e aceitos na Assembleia Geral Extraordinária pelos membros da RSPO em 25 de abril de 2013, afirmam que o "uso da terra para o uso da terra pela cultura de palma não diminui os direitos legais, ou direitos costumeiros de outros usuários, exceto com consentimento livre, prévio e informado dos mesmos" (Princípio 2.3.). Como indicador, cópias dos acordos negociados detalhando o processo do CLPI devem ser disponibilizadas e devem incluir: a) Provas de que um plano foi desenvolvido por meio de consultas e discussões com todos os grupos afetados nas comunidades e de que as informações lhes foram fornecidas, incluindo aquelas sobre as medidas que devem ser tomadas para envolvê-los no processo de tomada de decisão; b) Provas de que a empresa respeitou as decisões das comunidades de dar ou recusar o seu consentimento à operação no momento em que essa decisão foi tomada; c) Provas de que as implicações legais, econômicas, ambientais e sociais para permitir as operações em suas terras foram compreendidas e aceitas pelas comunidades afetadas, incluindo as implicações para a situação jurídica de suas terras no momento da expiração do título, da concessão ou do arrendamento da empresa.

[4] Ver Diretrizes da OCDE, IV.40: "[...]" as empresas devem respeitar os direitos humanos dos indivíduos que pertencem a grupos ou populações específicas que exigem uma atenção especial nas situações que impactam adversamente esses direitos. Nesse sentido, os instrumentos da ONU especificaram melhor os direitos dos povos indígenas [...]".

[5] A Convenção nº 169 da OIT estabelece as seguintes definições de povos indígenas e tribais. Povos tribais: são aqueles cujas condições sociais, culturais e econômicas os distinguem de outros segmentos da comunidade nacional e cuja situação seja regida, total ou parcialmente, por seus próprios costumes ou tradições ou por uma legislação ou regulações especiais; Povos indígenas: são considerados indígenas pelo fato de descenderem de populações que viviam no país ou região geográfica na qual o país estava inserido no momento da sua conquista ou colonização ou do estabelecimento de suas fronteiras atuais e que, independentemente de sua condição jurídica, mantêm algumas de suas próprias instituições sociais, econômicas, culturais e políticas ou todas elas.

[6] Ver Convenção nº 169 da OIT, Artigo 1.2.

[7] Diretrizes da OCDE, I.2 e IV. 1.

[8] Os seguintes recursos apresentam mais informações sobre as expectativas das comunidades em relação ao CLPI: Guia ao Consentimento Livre, Prévio e Informado, http://resources.oxfam.org.au/pages/view.php?ref=588&search=mining&order_by= relevance&sort=DESC&offset=48&archive=0&k=&curpos=54, Oxfam Australia (2014); Making Free Prior and Informed Consent a Reality: Indigenous Peoples and the Extractive Industries, Doyle C. e Carino J., Middlesex University, PIPLinks & ECCR (2013), www.ecojesuit.com/wp-content/uploads/2014/09/Making-FPIC-a- Reality-Report.pdf.

[9] Os dispositivos internacionais mencionados na tabela abaixo especificam as circunstâncias em que o CLPI é relevante, como, por exemplo, nos casos em que é necessário um reassentamento.

[10] Foi sugerido que o CLPI pode ser entendido como uma forma reforçada e mais formal de engajamento comunitário. Como resultado, em certos casos, as empresas podem ser impelidas a iniciar um processo de consulta mais formal ao desenvolver um projeto em território indígena ou próximo a um território indígena, caso esse projeto seja passível de causar impactos adversos significativos. Ver Lehr & Smith, Implementing a Corporate Free Prior Informed Consent Policy, www.foleyhoag.com/publications/ebooks-and-white-papers/2010/may/implementing- a-corporate-free-prior-and-informed-consent-policy, Foley Hoag (2010), p. 8. O Instituto Mundial de Recursos fornece consultoria para empresas que buscam superar os desafios operacionais dos procedimentos de CLPI por meio do reconhecimento legal do processo; por exemplo, por meio de um acordo formal juntamente com outras boas práticas de engajamento das partes interessadas. Ver Development without Conflict: The Business Case for Community Consent, Development without Conflict: The Business Case for Community Consent, Instituto Mundial de Recursos (2007), http://webcache.googleusercontent.com/search?q=cache:KBxXOS9628IJ:pdf.wri.org/development _without_conflict_fpic.pdf+&cd=1&hl=en&ct=clnk&gl=fr.

[11] Diretrizes da OCDE, II.B.18-19 e IV.40 e 42.

[12] É necessário buscar consultoria jurídica para esclarecer as obrigações legais em matéria de engajamento com os povos indígenas.

www.ingramcontent.com/pod-product-compliance
Lightning Source LLC
Chambersburg PA
CBHW080620270326
41928CB00016B/3135